Raha Mugisho

Comment continuer l’œuvre de Dieu

Raha Mugisho

Comment continuer l’œuvre de Dieu

Éditions Croix du Salut

Cover image: www.ingimage.com

Publisher:
Éditions Croix du Salut
is a trademark of
International Book Market Service Ltd., member of OmniScriptum Publishing Group
17 Meldrum Street, Beau Bassin 71504, Mauritius

Printed at: see last page
ISBN: 978-613-7-37017-9

COMMENT CONTINUER L'ŒUVRES DE DIEU SELON SA VOLONTE

PAR SON SERVITEUR

RAHA MUGISHO

DIEU NE CHANGE PAS

DIEU N'OUBLIERA JAMAIS SA PAROLE

DIEU NE FERA JAMAIS DE LA DISCRIMINATION

DIEU HABITERA TOUJOURS AU MILIEU DE LOUANGE DE SON PEUPLE.

ALLELUIA

PREFACE

Dieu parle par la voix qu'il choisi à tout moment (La bouche autorisée)

L'Esprit de Dieu a signifié à ma fille ainée, le secret du ministère Chrétien, et celle-ci m'a adressé cette demande sincère : « Papa il serait important que vous écriviez un ouvrage pour aider les jeunes serviteurs de Dieu dans le ministère »

Cette voix avait rempli mon cœur et mon âme, et je lui promis de le rédiger. Malgré les turpitudes de la vie j'y suis arrivé, et ce fut une grande explosion spirituelle. En adoptant les enseignements de ce livre et surtout les principes du travail spirituel, j'ai subi personnellement une grande transformation et mon propre ministère a changé de grâce en grâces. Ma vie est réellement focalisée sur la grâce et sur la parole de Dieu. Par la foi, les signes et les prodiges me suivent partout. Pendant un séminaire de douze jours de cet enseignement, réunis avec les serviteurs de Dieu du Rhema à Cyangugu, une grande transformation fut apparue et le transfert du pouvoir fut à tous les participants. Tous ont confessé qu'ils restaient dans la religion mais ils avaient perdu le réveil spirituel et la foi. Beaucoup de miracles furent témoignés dans la ville de Bukavu et aux pays voisins. Dieu est responsable de sa parole. Neema ma fille, je te remercie beaucoup de cette révélation divine.

DEDICATION

Je dédie ce livre à tous les serviteurs de Dieu dans le monde.

Nous sommes appelés à vivre comme Dieu le veut et non selon les traditions et les émotions charnelles. Nous appartenons à une seule équipe qui présente Christ et son amour partout.

Si nous pouvons nous supporter et nous aider spirituellement, matériellement et moralement, la tâche serait facile et nous gagnerons ensemble beaucoup d'âmes. Notre finalité est le ciel malgré tout ce que nous voyons sur cette terre. Nous y vivrons éternellement dans la joie indéfinissable que Dieu nous a préparée. Aimons-nous les uns et les autres comme Christ nous a aimés. La faute de votre frère doit être corrigée dans l'amour et dans de bonnes manières.

Votre frère RAHA MUGISHO

TABLE DE MATIERE

A : INTRODUCTION

Chaque serviteur de Dieu doit savoir qu'il est et il reste disciple de Jésus.

Son rôle principal est de reproduire les **œuvres** de Jésus-Christ et non ses émotions ou celles des autres. C'est pour cette raison que Dieu manifeste sa volonté dans Ezéchiel 22 : 31-32

Ézéchiel 22:30-31Louis Segond (LSG)

30 Je cherche parmi eux un homme qui élève un mur, qui se tienne à la brèche devant moi en faveur du pays, afin que je ne le détruise pas; mais je n'en trouve point.

31 Je répandrai sur eux ma fureur, je les consumerai par le feu de ma colère, je ferai retomber leurs **œuvres** sur leur tête, dit le Seigneur, l'Éternel.

Dieu cherche toujours un homme partout, qui marchera avec lui, qui pensera comme lui et déclarera ses paroles sans honte et sans peur. Un homme qui croira à toutes ses paroles, celui qui sera déterminé à ne pas se mettre dans toutes les distractions du monde, celui qui aura le cœur rempli d'amour et de compassion. Un homme qui écartera de sa bouche toutes les paroles de médisances, de calomnie, d'accusation de condamnation et de jugement. Nous sommes dans le temps de grâce. Dieu veut un homme disponible et disposé pour le combat spirituel et de la foi et aussi celui qui est intègre et sincère. Dieu a besoin d'un homme qui ne peut pas se compromettre. Frères et sœurs nous avons le temps de quitter dans le compromis et rentrer au vrai évangile, celui qui fera que les gens se repentent et que les autres renoncent aux œuvres de diable. Combien de sorciers et des voyants qui sont devenus de faux prophètes, faux pasteurs et bishops faisant beaucoup de prodiges ? Ils ont cru au diable et à ses malices, vivant des sacrifices sanglants quand nous savons que le seul sacrifice de Jésus à la croix suffit et nous sommes morts et ressuscités avec lui. Un acte spirituel qui nous donne accès automatique de résider dans l'endroit céleste. Nous devons accepter l'appel de Dieu et marcher dans ses pas et dans ses paroles jours et nuits. Il est impératif de ne pas autoriser la bouche de parler comme un païen se souillant chaque fois. Dans le surnaturel on est fort toutefois qu'on est rempli de la parole de Dieu. Ma bouche ne fera que la louange à Dieu et finit les histoires de murmures et de plainte, la vie de Jésus qui est en nous n'est pas comparable en aucune richesse de ce monde. Je suis rempli par le Saint esprit extraordinairement, lorsque mon cœur est rempli par la vie de Christ et de sa parole. Toute médisance concernant ma vie ne m'intimide pas car elle est possédée par Dieu, ma garantie n'est pas ce que je vois mais le Seigneur Jésus et sa parole. Dans ce cas tout ce que je prononcerai avec foi arrivera à se passer.

Dieu cherche un homme pour qu'il fasse la délivrance, pour qu'il guérisse l'homme et le pays, pour qu'il répande ses grâces et bénédictions pour qu'il sauve et transformer les âmes. Dieu n'est pas dans l'idée de transformer le réveil en religion, ceci est la faiblesse de l'homme de tout le temps depuis l'ancien testament au nouveau, chaque fois que l'homme que Dieu a choisi quitte la terre, la religion prend place au réveil.

Vous pouvez avoir une église de milliers de personnes qui attirent seulement l'attention des hommes mais si elle n'est pas dans les principes de Dieu, elle n'attire jamais son attention, et elle ne répond pas à ses objectifs. Pourquoi avoir une grande gloire temporaire sur la terre et terminer dans la géhenne parce qu'on a prêché un autre évangile. Tout ceci n'est que vanité. Beaucoup des faux apôtres et prophètes terminent mal dans leurs carrières. Les aventures finissent à être découvertes, soyez sage et prudents.

B : LA VOIX DE LA GRANDE COMMISSION

Marc 16 ; 15-20

15 Puis il leur dit: Allez par tout le monde, et prêchez la bonne nouvelle à toute la création.

16 Celui qui croira et qui sera baptisé sera sauvé, mais celui qui ne croira pas sera condamné.

17 Voici les miracles qui accompagneront ceux qui auront cru: en mon nom, ils chasseront les démons; ils parleront de nouvelles langues;

18 ils saisiront des serpents; s'ils boivent quelque breuvage mortel, il ne leur feront point de mal; ils imposeront les mains aux malades, et les malades, seront guéris.

19 Le Seigneur, après leur avoir parlé, fut enlevé au ciel, et il s'assit à la droite de Dieu.

20 Et ils s'en allèrent prêcher partout. Le Seigneur travaillait avec eux, et confirmait la parole par les miracles qui l'accompagnaient.

Les principes de Dieu sont immuables, et c'est l'homme qui doit satisfaire sa volonté et non le contraire. Si , tel m'a envoyé, je parlerai toujours à son nom et agirai à son nom. Pourquoi alors avoir peur et des doutes si je connais la puissance et la grandeur de mon maître. Sachez que toute graine qui n'a pas été semée par Dieu sera enlevée et brûler. Dieu ne compte pas le nombre des églises ou le nombre de dénominations mais il regarde sa parole et il travaille vingt quatre heures sur vingt quatre, et il aime le faire à tout moment. Celui qui a confiance en Dieu n'a pas à douter de n'importe quoi mais il parle aux situations et aux cas, et Dieu les réalise. Elisée devant une armée qui le poursuivait n'avait pas eu peur, mais son serviteur fut intimidé en la voyant, alors Elisée a seulement parlé à Dieu d'ouvrir les yeux de Guehazi qui dit à son tour **: « ceux qui sont avec nous sont plus nombreux que ceux qui nous entourent** » . Elisée a dit aussi à Dieu de fermer les yeux de cette armée jusqu'à la conduire chez le roi, et après il lui dit encore de les ouvrir. Lorsque nous faisons correctement la volonté de Dieu, Jésus devint notre ami comme Il l'a promis. Que le nom de Jésus soit prononcé et loué dans nos bouches plus que tout nom qui se trouve sur la terre, alors nous serons toujours dans sa présence. Pourquoi souiller ma bouche et mon cœur par d'autres bagatelles. Sachez que tout ce que nous parlons a de conséquences soit néfastes ou édifiantes selon sa nature. Je confesse et je déclare que Jésus-Christ est mon aide, je ne craindrais rien ; Que peut me faire un homme ? Jésus ne me délaissera point et ne m'abandonnera point. Heb 13 ; 5- 6, je le proclame avec assurance. La puissance de Dieu est en moi pour apporter la gloire de Dieu et sa miséricorde partout. A travers ma vie et ma prédication Jésus sauvera, guérira et fera partout les miracles. Les signes et miracles me suivront partout parce que je crois en Jésus. Marc 16 ; 15-18

NB : Ne soyez pas ébranlés par des personnes qui disent j'ai vu les anges, le ciel et n'importe vision ; ceci peut être vrai mais n'assure pas l'entrée dans le royaume de Dieu. Sans la sainteté personne ne verra Dieu. Vous pouvez être un soit disant grand prophète qui ébloui le monde, c'est un fait et ils sont nombreux mais beaucoup ne savent pas garder leur bon comportement quand ils s'accaparent de la gloire de Dieu et deviennent amis du monde. Jésus ne veut que personne soit égaré il nous appelle tous à nous repentir. Beaucoup de serviteurs s'époumonent pour avoir raison malgré l'insuffisance de la parole et sont dans l'erreur croyant que l'approbation des hommes peut leur être pour quelque chose. Ils se trompent, une fois la volonté de Dieu est abandonnée on est rejeté malgré un grand nom. Inutile de se donner n'importe quelles émotions charnelles, notre approbation viendra de Dieu. Beaucoup de soit disant grands serviteurs manqueront le ciel à cause de l'orgueil et le mensonge pour se faire un nom. Tous veulent la puissance de Dieu tout en refusant son caractère de sainteté. Que Dieu ouvre nos yeux pour échapper aux profondeurs de Satan. Un prédicateurs peut amener beaucoup d'âmes à Jésus mais lui même tombe à cause de son caractère. Matt 5 ; 20

Sachons que la guérison, la délivrance, les miracles sont des solutions temporaires en vue de comprendre la solution éternelle qui est le salut des âmes et l'entrée dans le ciel.

Regardons avec les yeux de Dieu, nous qui sommes dans le champ missionnaire, tout passera mais la parole de Dieu demeure éternellement. Si vous ne savez pas que Jésus a pris toutes vos faiblesses et vos iniquités et que par ses meurtrissures vous êtes guéris, alors vous n'avez pas encore compris qu'est ce que cette bonne nouvelle. Le Seigneur est mort pour moi, et par sa mort je fus justifié, pardonner, et m'a fait asseoir dans les lieux célestes afin de montrer dans les siècles à venir l'infinie richesse de sa grâce que je suis sauvé, par le moyen de la foi.

Si on ne peut pas croire à toutes les paroles de Dieu on n'arrivera jamais au réveil spirituel mais en étant dans la parole et l'appliquant incessamment, la porte du ciel sera ouverte et les bénédictions diverses seront perçues dans le nom puissant de Jésus-Christ. Ne soyez pas attirés par les distractions de ce monde mais soyez attachés à la parole de Dieu et aux normes pieuses comme enfant de Dieu. Le monde doit nous imiter et non pas nous de le suivre.

La commission n'est pas seulement à l'église mais partout l'œuvre de Dieu doit être faite. L'évangélisation individuelle, publique et des maisons à maisons produisent de grands fruits dans le royaume de Dieu.

Nos actes évangélisent aussi et parlent très forts.

Les serviteurs de Dieu sont des lettres écrites par le St ESPRIT.

1 Cor 3 ; 3

2 C'est vous qui êtes notre lettre, écrite dans nos coeurs, connue et lue de tous les hommes.

3 Vous êtes manifestement une lettre de Christ, écrite, par notre ministère, non avec de l'encre, mais avec l'Esprit du Dieu vivant, non sur des tables de pierre, mais sur des tables de chair, sur les coeurs.

Si vous m'aimez vous ferez mes commandements ; Jean 14

23 Jésus lui répondit: Si quelqu'un m'aime, il gardera ma parole, et mon Père l'aimera; nous viendrons à lui, et nous ferons notre demeure chez lui.

24 Celui qui ne m'aime pas ne garde point mes paroles. Et la parole que vous entendez n'est pas de moi, mais du Père qui m'a envoyé.

Nous devons travailler l'œuvre de Dieu quand nous sommes dans n'importe quelles occasions. Avant qu'il ne soit tard semons nos graines. 4 Il faut que je fasse, tandis qu'il est jour, les oeuvres de celui qui m'a envoyé; la nuit vient, où personne ne peut travailler.

5 Pendant que je suis dans le monde, je suis la lumière du monde.

C : COMMENT TRAVAILLER L'OEUVRE DE DIEU EFFICACEMENT

Jean 14 ; 12
12 En vérité, en vérité, je vous le dis, celui qui croit en moi fera aussi les oeuvres
que je fais, et il en fera de plus grandes, parce que je m'en vais au Père;
13 et tout ce que vous demanderez en mon nom, je le ferai, afin que le Père soit
glorifié dans le Fils.
14 Si vous demandez quelque chose en mon nom, je le ferai.
15 Si vous m'aimez, gardez mes commandements.

Jean 6
28 Ils lui dirent: Que devons-nous faire, pour faire les oeuvres de Dieu?
29 Jésus leur répondit: L'oeuvre de Dieu, c'est que vous croyiez en celui qu'il a
envoyé.

Croire en Jésus-Christ et non dans une autre personne alors vous serez capables de reproduire les actes de Christ et plus que Lui. Vous pouvez faire une œuvre très spéciale et merveilleuse si vous refusez de croire aux hommes et les fanatiser. Vous aussi vous avez vos talents que vous pouvez faire travailler. Ne cherchez pas à imiter mais de rester original croyant en Jésus-Christ. Je regrette de voir certains chrétiens qui sont très négatifs aux paroles de Dieu. Ils profèrent des paroles de découragements disant pour ceux que leur chair les commande, (C'est difficile leur argument ; tout qui est spirituel est difficile là la chair, c'est un combat et nous devons le gagner ; nous pouvons faire tout par le Seigneur qui nous renforce Ph 4 ; 13)

Dieu n'est pas un homme pour se tromper, Il nous connaît du fond de nos cœurs, inutile de se tromper. La première chose à faire est le sacrifice complet et lui donner toujours gloire et honneur. Rom 12 ; 1-2 Tous ceux qui volent l'honneur de Dieu ne le verront pas et ils ne seront jamais pris à l'enlèvement de l'église par l'époux à moins qu'ils se repentent et abandonner ces péchés. Beaucoup de serviteurs de Mega churchs (Très grandes églises) ne seront jamais enlevés à cause des mensonges qu'ils enseignent pour faire plaisir aux hommes au lieu de faire la volonté de Dieu. Ils poussent les chrétiens à aimer le monde et ses convoitises que de leur amener à aimer Dieu et le ciel. Beaucoup ont déjà oublié qu'ils doivent travailler maintenant pour avoir les couronnes divines ils les ont ignoré complètement.

Dans cette génération de milliers de prédicateurs ne parlent de ce qui touche seulement le corps et ignore l'âme et l'esprit. Ils enseignent des mensonges qui n'ont pas des références bibliques et disent que ce sont des révélations. Toutes ces fantaisies sont les profondeurs de Satan pour perdre même les élus. Notre modèle et chemin est la parole de Dieu et non pas les miracles et les démonstrations de puissance.

Chacun de nous dans le Seigneur a un rôle très particulier à remplir pour Dieu, et si il expire avant de l'accomplir il perd un élément très important dans sa vie. Nous sommes envoyés par Dieu sur cette terre pour remplir quelque chose. La chose peut être grande ou petite mais son efficacité est de la remplir fidèlement. Dieu a donné les différents dons spirituels à certaines personnes pour travailler dans l'église ou sous un autre oint de Dieu qui connaît sa parole et qui devait être le mentor mais par soucis de chercher la gloire individuelle d'aucuns créent des ministères et enseignent des mensonges. Vous n'êtes pas obligés à devenir comme les autres mais vous devez attendre le Seigneur vous éclairer pour remplir le rôle déterminé dans votre vie. Sachez que c'est le St Esprit qui donne…1 Cor 12

4 Il y a diversité de dons, mais le même Esprit;

5 diversité de ministères, mais le même Seigneur;

6 diversité d'opérations, mais le même Dieu qui opère tout en tous.

7 Or, à chacun la manifestation de l'Esprit est donnée pour l'utilité commune.

NB ; Mon collègue serviteur de Dieu, si vous recevez une invitation de prédication, faites tout pour avoir le temps nécessaire de vous préparer. Faites une prière fervente, lisez la bible, passez de longs moments avec le Seigneur alors vous verrez comment l'Esprit de Dieu se manifestera.

Mon souci majeur est que tous nous comprenons que Dieu nous a envoyés pour remplir quelque chose dans son royaume. Le fait de voir seulement les choses du monde est une petite vision et une mauvaise distraction qui crée l'inimitié avec Dieu. Le succès de l'homme est une fantaisie, si on oublie l'essentiel, on perd toute la vie. Tout ceci ne devient que vanité. Nous connaissons des hommes qui furent considérés comme des dieux mais ils ont fini très mal. La vie sur cette terre est très temporaire il ne faut jamais oublier la vie éternelle. 1 Tim 6 ; 7 Ainsi, il est une grande erreur de dépendre de n'importe qui mais de Dieu dans l'intégralité. Je vous prie frères et sœur de ne faire aucune créature votre idole parce qu'il a fait de grandes choses.

Défendez et persévérer dans la vérité que vous croyez sinon l'ennemi te présentera le contraire et votre mission échouera. Satan se réjouit de voir les prédicateurs qui font des démonstrations de puissances tout en négligeant la démonstration de la parole de Dieu. Ainsi les croyants se donnent seulement aux manifestations charnelles et renient les valeurs chrétiennes. C'est une ruse diabolique qui perd beaucoup des chrétiens. En s'attachant complètement à la parole de Dieu, son Esprit manifestera ses grâces et les gens verront des choses non familières. Personne n'a le droit de condamner et de juger mais nous avons le droit de discerner ce qui est bon ou mauvais et de nous exhorter.

Il est impossible de travailler efficacement à Dieu sans mettre au coup les discours de Jésus- Christ sur la montagne. Alors que dans les églises d'aujourd'hui les chrétiens n'en connaissent même les contenus. Ceci se trouve dans Matth chapitres 5,6, et 7. Ne soyons pas comme les juifs qui avaient la promesse d'entrer à Canaan où ils trouveraient leur bonheur mais leur cœur furent en Egypte et leurs corps avec Dieu ; une grande bêtise qui leur couta beaucoup de mal. Cela n'a pas plu à Dieu qui les a exterminés à cause de l'incroyance. Si votre justice ne dépasse pas des scribes et pharisiens, vous ne verrez pas le royaume de Dieu. Matt 5

20 Car, je vous le dis, si votre justice ne surpasse celle des scribes et des pharisiens, vous n'entrerez point dans le royaume des cieux.

Mes amis je vous prie de sacrifier votre corps à Dieu et vivez en esprit pour lui plaire. Rom 12 ; 1 La chair que vous avez à cette heure sera tombée en pourriture et sera sans importance quoique vous l'ayez servi toute la vie. Nous entrerons au ciel avec un corps de gloire et non pas avec le corruptible. 1 Cor 15

39 Toute chair n'est pas la même chair; mais autre est la chair des hommes, autre celle des quadrupèdes, autre celle des oiseaux, autre celle des poissons.

40 Il y a aussi des corps célestes et des corps terrestres; mais autre est l'éclat des corps célestes, autre celui des corps terrestres.

41 Autre est l'éclat du soleil, autre l'éclat de la lune, et autre l'éclat des étoiles; même une étoile diffère en éclat d'une autre étoile.

46 Mais ce qui est spirituel n'est pas le premier, c'est ce qui est animal; ce qui est spirituel vient ensuite.

50 Ce que je dis, frères, c'est que la chair et le sang ne peuvent hériter le royaume de Dieu, et que la corruption n'hérite pas l'incorruptibilité.

51 Voici, je vous dis un mystère: nous ne mourrons pas tous, mais tous nous serons changés,

52 en un instant, en un clin d'oeil, à la dernière trompette. La trompette sonnera, et les morts ressusciteront incorruptibles, et nous, nous serons changés.

53 Car il faut que ce corps corruptible revête l'incorruptibilité, et que ce corps mortel revête l'immortalité.

Frères et sœurs, je vous invite à résister tout esprit de désordre spirituel et d'accepter l'évangile de Christ qui est rejeté par les érudits de ce monde. Faites attention à tout ce qui vous éblouis par les hommes qui s'appellent des prophètes et apôtres, nombreux sont des aventuriers, des escrocs et des ennemis de Dieu. Acceptez l'évangile de la repentance et de vivre la vie chrétienne telle qu'il est prescrit dans le discours du Seigneur sur la montagne.

Vous ne pouvez pas travailler efficacement pour Dieu sans la vie de Christ en vous.

Vous devez avoir certainement une grande transformation si vous choisissez de vivre la vie de Jésus-Christ. Dans cette façon nos vies seront changées et nous aurons une façon de produire un travail spécial dans l'œuvre de Dieu. Une grande perte est constatée quand les chrétiens pratiquent seulement la religion et négligent la vie et les recommandations de Christ ; la bible nous enseigne d'être spirituel et de nous habiller Christ. Nous devons abandonner l'ancienne nature et mentalité charnelle qui sont dominées par la chair. Vivre surnaturellement incombe une réelle foi et demeurer dans la parole de Dieu et non dans la philosophie des charlatans. En adoptant ce principe nous vivront la sainteté et l'amour de Dieu. Faites attention à tous les serviteurs de Dieu qui négligent les recommandations de Christ ; il n'y a pas des révélations qui peuvent supprimer la volonté de Christ. Ces prédicateurs donnent seulement l'information et pas la vie. La vraie révélation de la parole guérit spirituellement et physiquement tandis que la parole sans le Rhema ou vraie inspiration tue spirituellement. Lorsque la parole concernant les miracles, la guérison, le baptême du St Esprit et d'autres promesses divines est délivrée nous devons laisser L'Eternel prouver son action, Il est la confirmation de ses promesses. Douter de son action lui fait un menteur. Ne regardez pas seulement la réalité mais la vérité. Tout ce qui n'est pas dans la vie de Christ doit être abandonné. Parler de la vie, rêvez la vie et la déclarer. Habillez vous selon sa volonté et non selon la copie de ce monde. Enlevez la peur, les doutes et les imitations qui viennent de faux prédicateurs.

NB ; Il est inutile de prier, prêcher, chanter et faire n'importe quelle œuvre au peuple de Dieu si vous personnellement vous êtes en dehors de la volonté de Dieu. Dieu ne sera jamais avec vous. Les écritures bibliques de Matthieu chapitres, 5, 6,7 et 24 doivent être suivis complètement. Pour moi c'est un miroir qui me ramène à la réalité divine. Ces paroles sont des recommandations vivantes venant de bouche de celui qui nous a envoyé ; ne pas s'y conformer c'est rejeter le vrai évangile de Christ. Lisons ces écritures pour nous mêmes et non pas seulement pour les autres. Je regrette beaucoup de voir beaucoup de serviteurs qui ont admis facilement les enseignements de Nicolaïtes et la doctrine de Balaam. Ils ont imité les pharisiens et les saducéens en montrant leurs ministères extérieurement par de grandes croix au coup et les soutanes différents pour se proclamer des seigneurs et archevêques. Notre uniforme et croix sont portés intérieurement et non à l'extérieur.

Outre, ne faites pas le travail de Dieu avec l'idée de s'accaparer de l'argent, vraiment ceci est une perte énorme ; ayez la compassion des âmes et travailler avec l'amour de Dieu en toutes choses, ne travaillez pas pour Mamon, Dieu est fidèle. Il ne nous abandonnera jamais. Vous ne pouvez pas servir Dieu et Mamon. Matt 6 ; 24

Je ne fais que vous dire la vérité ; où allez vous avec les noms de Révérend, Archevêques, et tous les titres qui ne sont pas bibliques. Vous pouvez intimider les hommes et pas Dieu. Je vous conseillerai de lire mon livre sur les sept églises d'Asie.

Recommandations

Un berger ne doit pas approcher les loups pour donner de la nourriture aux troupeaux. Ceci veut dire qu'un pasteur doit s'abstenir à inviter des prédicateurs sur base des miracles ou de prophéties si ils ne reflètent pas la vie de Jésus-Christ en eux. Travailler pour le Seigneur montre que tous les efforts spirituels sont apportés pour être utile aux enfants de Dieu. Croyez sans aucun doute sur les paroles de Dieu, il vous élèvera avec vos disciples et vous travaillerez efficacement dans l'église de Christ. Ne perdez pas votre temps à chercher à l'extérieur les faiseurs de démonstrations diverses qui provoquent la confusion dans la foi chrétienne.

Bienaimés serviteurs de Dieu

Si vous avez la grâce de monter sur la chaire, ne perdez pas le temps d'enseigner la matière qui ne peut pas édifier les chrétiens. Pourquoi passer tout le temps à enseigner concernant les étoiles des gens ; pourquoi perdre le temps d'enseigner les noms de Satan ou comment ressusciter les morts ? C'est de l'enfantillage. Enseignez sur les six fondations de la foi chrétienne, (LE SALUT, LE BAPTEME D'EAU, LE BAPTEME DE L'ESPRIT, LA PRIERE, L'OFFRANDE ET DIME, LA SAINTETE), L'ENLEVEMENT DE L'EGLISE ET LE RETOUR DE JESUS-CHRIST, COMMENT APPORTER LES AMES A CHRIST, COMMENT DEVENIR UN VRAI ADORATEUR. Nous devons enseigner sur les sept églises d'Asie. Insister sur la piété et l'amour de Dieu. Voici les enseignements qui peuvent transformer les chrétiens et ne pas se donner à ce qui flatte seulement le corps et le contenu de ce monde.

D : CROIRE AU SURNATUREL

Depuis toujours Dieu a utilisé ses puissants serviteurs par des actes surnaturels de l'ancien testament jusqu'aujourd'hui. Au cas où les actes surnaturels sont abandonnés, il n'y a plus de réveil mais une religion, et c'est , ce qui est répandu dans le monde aujourd'hui après les apôtres, et après le réveil d'Azusa de 1906 à Losangeles.

Tout ceci est parce que l'homme veut utiliser sa sagesse, ses sentiments et sa volonté. Jésus est toujours le même et il a promis qu'il sera avec nous jusqu'à la fin du monde. Sa préoccupation n'est pas de stagner dans les églises mais que celles-ci soient la lumière du monde en produisant les œuvres de Jésus partout. Ses œuvres sont d'amener les âmes par la repentance à Jésus, guérir les malades, chasser les démons et donner gloire à Dieu par les signes et les prodiges au nom de Jésus-Christ. Parce que les serviteurs de Dieu ont négligé ce rôle, Satan équipe ses serviteurs avec de faux miracles pour perdre les gens.

Si le malin peut équiper ses hommes comme il l'a fait avec Janes et Jambres comment Dieu ne peut pas le faire plus que ce dernier. L'incroyance fait que le Babylone commence à régner partout mais au nom de Jésus-Christ je déclare que lorsque les enfants de Dieu croiront à la voix de la grande commission, les aveugles verront, les sourds entendront, les muets parleront, les démons seront chassés et les morts seront ressuscités et ils verront les merveilles du surnaturel. Comme le monde naturel existe, le monde surnaturel est réel et lorsqu' ' on le comprend on sera réellement libre. Dieu est Esprit, Il veut utiliser mon corps et le tien, pour affranchir les opprimés et détruire les œuvres de Satan.

Pourquoi avoir peur de Satan quand Dieu nous dit « Je vous ai donné le pouvoir de marcher sur les serpents et les scorpions et sur la puissance de l'ennemi : et rien ne pourra vous nuire. Cependant, ne vous réjouissez pas de ce que les esprits vous sont soumis ; mais réjouissez vous de ce que vos noms sont écrits dans les cieux. Luc 10 ; 19-20

Donc nous n'avons pas d'excuse de marcher sur les serpents et les scorpions et sur la puissance de l'ennemi, c'est un ordre et un acquis donné par Jésus-Christ et rien ne pourra nous nuire. Il est important de croire complètement à ce message et savoir résister et détruire toutes les œuvres du malin et délivrer les captifs au nom de Jésus-Christ, ainsi le Seigneur se manifestera et il sera glorifié. Sachez qu'on ne voit pas Dieu physiquement mais ses œuvres démontrent sa présence et son intervention. Dieu est, et il règne par ses paroles dans nos bouches. Il se glorifie quand nous les déclarons. Dans cette parole nous voyons les œuvres temporaires qui finissent par une œuvre éternelle, nos noms sont écrits dans les cieux. Les miracles et les prodiges ne sont pas pour nous enorgueillir mais pour glorifier Dieu et montrer sa présence. Le surnaturel est le produit de croire, parce qu'il est impossible d'être agréable à Dieu sans la foi ; car il faut que celui qui s'approche de Dieu croie que Dieu existe, et qu'il est le rémunérateur de ceux qui le cherchent. Heb 11 ; 6 Les actes des apôtres continuent à être écrits sur la terre, parce que nous y sommes encore. Mais nous devons faire une grande attention de ne pas transformer le christianisme à une religion.

Etre confortable dans une église ou se sentir à l'aise sans la volonté de Dieu est un gaspillage de temps et inutile, si Dieu n'est pas glorifié. Dieu ne sera jamais dans la chair il est dans l'esprit. Ce qui est né de l'esprit est esprit et ce qui est né de la chair est chair, il faut que vous soyez né de nouveau alors le surnaturel aura de sens pour vous.

NB : Si vous ne maitrisez pas ces faits spirituels vous ne pouvez pas être maitre dans le surnaturel, il faut d'abord accepter que tout enfant de Dieu a ses droits et ses devoirs spirituels.

1. <u>En demeurant dans la foi nous créons la joie de Dieu et nous lui sommes agréables; 2 En priant et en écoutant ou lire la parole de Dieu nous accumulons l'onction divine dans notre vie ; 3 Etant dans la sainteté nous sommes respectueux devant la présence de Dieu et de ses anges ; 4 En donnant pour l'œuvre de Dieu nous remplissons notre trésor divin ; 5 En ayant une excellente relation personnelle avec Dieu, le ciel est ouvert pour moi et tout ce que n'est pas de Dieu n'a pas le droit d'être dans ma vie.</u> Le cinquième point fait qu'on réalise les autres avec joie et amour étant dans l'automatisme. Ayant une excellente relation personnelle avec Dieu, l'homme fait tout pour l'amuser et le satisfaire dans toutes les actions.

Personnellement, je prends ces cinq points points comme mes propres obligations et par la grâce de Dieu je suis arrivé à faire cela ma grande satisfaction. Bienaimés, n'oublions jamais que Dieu est fidèle, Il ne refusera jamais sa parole. Nous devons prendre Dieu au mot et le suivre selon sa volonté qui est exprimée par ses écritures. Il est impossible de faire le travail de Dieu sans croire en lui, écoutez ce message.

Jean 14 ; 12-15
12 En vérité, en vérité, je vous le dis, celui qui croit en moi fera aussi les œuvres que je fais, et il en fera de plus grandes, parce que je m'en vais au Père;
13 et tout ce que vous demanderez en mon nom, je le ferai, afin que le Père soit glorifié dans le Fils.
14 Si vous demandez quelque chose en mon nom, je le ferai.
15 Si vous m'aimez, gardez mes commandements.

Chaque personne qui croit en Jésus a la possibilité de faire des œuvres comme lui et plus grandes encore. Tous nous entendons ce message, mais combien qui reçoivent la révélation et entrent dans la révolution spirituelle ? Dieu a intérêt que nous tous nous ayons de révélation et que nous amenions la révolution partout, commençant dans notre territoire et aller partout avec cette vision. En croyant à ces paroles nous ne serons plus les mêmes, nos yeux s'ouvrirons, nos oreilles spirituels entendront et nos mains toucheront les bénédictions voulues pour notre ministère et pour la bénédiction des autres. Que les solutions temporaires ne nous empêchent pas de gagner la solution éternelle. Tout ce que nous ferons, qu'il soit pour la gloire de Dieu. Que ceci ne soit pas un moyen de nous enrichir et d'exploiter mais de rendre la gloire de Dieu. Moise, Josué ,Elie, Elisée, Josué, Les douze apôtres, Charles Finney, Osborn, Moses Kulola,Bonnke, Raha Mugisho et de milliers de serviteurs l'ont vu. Ils ont cru à la parole et ils furent transformés de naturel au surnaturel. Pour marcher dans un endroit il faut y être et connaître le chemin. Nous y serons en croyant à tout le message biblique, à toutes les promesses de Dieu, et à tous ceux que Dieu a commandé, ; le chemin est simple, c'est Jésus Christ qui est le chemin la vérité et la vie. Celui qui demeure en Jésus et dans ses paroles ne sera jamais confus. Le surnaturel est très puissant que le naturel mais beaucoup le refusent en approuvant un seul monde voyant seulement le mal qui vient du surnaturel diabolique. Satan aussi est aussi esprit. Croyez en Jésus-Christ qui affranchi et rend totalement libre. Je suis ce que Dieu dit que je suis et je puis tout par celui qui me renforce. Rien et Personne ne peut m'intimider car celui qui est en moi est plus grand que celui qui est dans ce monde.

Le langage naturel s'apprend ainsi que le langage surnaturel, et ces paroles sont très puissantes car Dieu est la parole qui a créé toutes les choses. En confessant la parole je crée ou je détruit ce qui doit être traité comme ennuyant. Au nom de Jésus je détruis tout le pouvoir de Satan. Au nom de Jésus je prends autorité sur l'invisible et le visible et je confesse la victoire et la paix maintenant, je crois et je l'ordonne. Je délivre cet endroit et ses personnes au nom de Jésus. Jésus a pris toutes nos iniquités et nos faiblesses et par ses meurtrissures nous sommes guéris. Alors je déclare que je suis sanctifié, je suis purifié, je suis guéri et je chasse toutes les douleurs sur moi au nom de Jésus. Je commande la vie d'entrer dans ce corps maintenant au nom de Jésus. J'ouvre les oreilles et chasse l'esprit infirmité au nom de Jésus. Je lie toutes les puissances de diable dans le nom de Jésus. Je déclare la victoire au nom de Jésus. Je détruis tous les autels de diable au nom de Jésus.

b

Frères et sœurs il est le temps de quitter dans le compromis et rentrer dans le vrai évangile, celui qui fera que les gens se repentent et que les autres renoncent aux œuvres de diable. Ils ont cru au diable, alors que nous savons que le seul sacrifice de Jésus à la croix suffit, et nous sommes morts et ressuscité avec lui pour être réconcilié avec Dieu. Ceci est un acte spirituel qui nous donne accès automatique de résider dans les lieux célestes en Jésus Christ (Eph 2 ; 6). Nous devons accepter l'appel de Dieu et marcher dans ses pas et dans ses paroles, jours et nuits. Il est impératif de ne pas autoriser la bouche de parler comme un païen se souillant chaque fois. Dans le surnaturel on est fort toutefois qu'on est rempli de la parole de Dieu. Dans ce cas tout ce que je prononcerai sera exécuté par la puissance de Dieu. L'onction coulera toujours dans ma vie, le salut des âmes interviendra partout quand je parlerai et je prêcherai ; parce que dans le surnaturel Dieu agit et tout est miracle.

Voici comment Jésus nous a commandé de travailler ; Mat 10 ; 1 Puis ayant appelé ses douze disciples, il leur donna le pouvoir de chasser les esprits impurs, et de guérir toute maladie et toute infirmité.

Matt 10 ; 7-8

Allez, prêcher, et dites ; le royaume des cieux est proche. Guérissez les malades, ressuscitez les morts, purifiez les lépreux, chassez les démons. Vous avez reçu gratuitement donnez gratuitement.

Voici la bonne nouvelle que Jésus a apporté et veut que nous aussi nous fassions de même et plus que lui. Je ne fais que vous rappeler frères et sœurs ce qui est visé par Jésus-Christ dans notre vie. Ma fille avait rendu l'âme dans notre famille, si je ne fus pas entré dans le surnaturel et chasser l'esprit de mort elle ne sera pas avec nous aujourd'hui. Ushindi de Bagira, RD Congo après avoir rendu l'âme dans un accident d'auto, tout le monde était prêt à pleurer mais je suis entré dans l'esprit et appeler la vie, elle est rentrée après ma prière. Fibi aller mourir à l'hôpital ayant beaucoup qui l'accompagnaient à gémir dans la salle ; connaissant cette nouvelle je suis allé à l'hôpital pour chasser l'esprit d'infirmité et de la mort, elle fut guérie instantanément et on quitta le même jour à l'hôpital et à pied. J'ai vu comment Jésus donne la délivrance aux sidatiques et au nom de Jésus les aveugles voient, les paralytiques marchent, les différentes maladies quittent les corps des malades. Les esprits impurs sont chassés. Les multiples signes apparaissent. J'ai vu le ministère des anges dans ma vie. De milliers de personnes sont baptisés par le Saint Esprit dans notre ministère ; Des serviteurs sont transformés et reçoivent le transfert de puissance divine dans nos séminaires. La grande joie est que je voie des hommes et des femmes qui reçoivent Jésus-Christ dans nos appels à la repentance. En Mars 2016 dans une réunion de réveil au Burundi nous avons vu des innombrables miracles dans le nom de Jésus. A Kabale, Uganda, Kabale, lors de mes cinq minutes pour saluer l'église au mois d'Avril, 2016, un paralytique marcha et une foule de malades reçurent des guérisons instantanées. Tout ceci montre comment Dieu confirme sa parole.

Jésus Christ est toujours le même, hier, aujourd'hui et éternellement. Il sauve et délivre de toutes infirmités, alléluia. La maman Charlotte qui est aujourd'hui une grande servante du Seigneur, son oreille était sourde, en entrant dans le surnaturel j'ai chassé l'esprit d'infirmité et elle fut délivrée. Beaucoup de cas de cancers ont disparu dans beaucoup de gens quand je parlais avec autorité dans le surnaturel. Beaucoup de femmes furent délivrées de stérilité et elles continuent à mettre au monde. Etant dans le surnaturel j'au vu comment la terre a fait sortir l'argent pour mes frais de voyages. Les miracles nous suivront partout si nous croyons. Etant dans le surnaturel j'arrête les pluies beaucoup de fois. Lorsque les guerres envahissaient ma ville, après un jeûne de 40 jours j'ai quitté les Etats, Unis, pour prier pour sa délivrance, accompagné de notre pasteur Kitunga Modeste. J'ai versé de l'huile d'onction sur les quatre coins de la ville pour que l'esprit de guerre y cesse et elle fût délivrée de guerres incessantes. Les guerres furent ailleurs et pas à Bukavu. Rien n'est impossible à Dieu mais l'homme néglige l'essentiel pour se livrer au superflu. Je prie pour vous qui me lisez à cette heure vous recevez la puissante délivrance à tout qui vous fait du mal, au nom de Jésus-Christ, recevez la vie de Jésus en vous maintenant, soyez complètement affranchi de toute servitude et je vous déclare libre et libérés. Je libère l'onction maintenant pour vous guérir au nom de Jésus. Croyez et recevez le miracle pour votre complète délivrance. Remerciez Dieu pour votre guérison sans honte ou doute car Dieu a compassion de vous. Alléluia

J'enseigne ce que j'ai expérimenté, il faut voir dans nos campagnes d'évangélisation comment la vie entre dans les gens et divers miracles et les prodiges au nom de Jésus-Christ. Un frère est mort dans notre église locale pendant mon absence, les membres de l'église sont entrés dans le surnaturel et Londo Baruti fut ressuscité et il est toujours vivant pour la gloire de Dieu.

Les problèmes et difficultés peuvent altérer la foi mais en se repentant, le Seigneur continue à respecter sa parole et remplir toutes ses promesses. L'humain peut être déformé en suivant le modèle dans ce monde de distraction, mais quand il rentre devant Dieu il sera pardonné et utilisé par le Saint Esprit. Dieu regarde notre foi et notre détermination. Une bonne décision tenue à ce moment peut changer l'histoire de votre vie. Un avion aller tomber dans une vitesse vertigineuse, tous les passagers attendaient la mort mais j'ai chassé l'esprit de mort et l'avion s'est redressé et monter à la surface normale en Ethiopie. Au Rwanda dans les escarpements de Nyungwe l'auto a saccagé le garde fou, il restait de faire une chute libre de haut en bas environ 500 mètres, je suis entré dans surnaturel et arrêter la voiture à moitié à l'air, utilisant le nom de Jésus-Christ, elle s'est arrêtée immédiatement et personne n'a été endommagé.

Voici le Dieu que nous servons. En croyant en la parole de Dieu, rien ne nous sera impossible. Dieu fait beaucoup de signes et des prodiges lorsque nous agissons étant dans l'esprit ou dans le surnaturel. Beaucoup de prières ne sont pas efficaces quand elles sont faites dans la chair. Tous ceux qui auront cru verront la main de Dieu partout et Dieu se laissera trouver dans plusieurs manières. Le christianisme doit continuer les œuvres de Jésus Christ et c'est la raison que nous avons le St Esprit qui nous aide dans les faiblesses. Devant la présence des serviteurs de Dieu dans un séminaire à Cyangugu en 2016, j'ai prié pour la délivrance d'une servante de Dieu et sa gorge fut devenue complètement guérie de goitre douloureux. L'Apôtre Gervais de Bujumbura témoigne comment Dieu l'a guéri du cancer et de l'hernie dans ma réunion spirituelle.

L'évangile est la bonne nouvelle, il vient apportant une bonne nouvelle à celui qui l'entend, il n'est pas pour condamner et juger mais expose la grâce de Dieu, le don de Dieu pour ceux qui le reçoivent. Nous sommes dans le temps de grâce divine mais les jours qui viennent, la colère de Dieu s'emparera aux rebelles et aux méchants. Prêcher est un acte surnaturel bien qu'on ne le sente pas. Prier dans l'esprit est un acte surnaturel. Pardonner est un acte surnaturel. La délivrance est un acte spirituel. La sainteté est un acte spirituel. La louange et l'adoration spirituelle le sont évidemment. Nous devons marcher dans la foi et non suivant les émotions et la tradition.

c

Il y a une grande différence entre prier, prêcher et bavarder, de fois nous parlons pensant que c'est la prière. En priant et en prêchant nous quittons dans la chair et nous entrons dans l'esprit par la foi. Nous entrons dans le monde spirituel. Dans le cas échéant l'homme veut plaire avec de paroles religieuses ou une récitation routinière. Prier veut dire l'homme s'adresse à Dieu pour recevoir et bénir ou invoquer le nom de Dieu en Jésus-Christ. Nous n'avons pas à chercher les mots religieux ou de qualificatifs d'humilité disant de propos d'incroyance. Dire que je ne suis rien, je suis rempli des péchés, je sens mauvais devant toi, je ne conviens pas, je suis sale et ignorant, ne disent rien devant Dieu parce qu'on refuse le travail accompli par Jésus-Christ, et c'est la chair qui parle. Psaume 103 1-12. Dieu voit que nous sommes purifiés, nous sommes rachetés, nous portons le sang précieux de Jésus Christ et nous convenons étant ses fils et filles.

Dieu est mon Père, Dieu est à mon côté, je suis la prunelle de ses yeux. Je suis lavé dans le sang de Jésus-Christ. Il ne voit aucun péché en moi, Jésus les a prit et a effacé l'acte du décret qui me condamnait. Dieu m'a ressuscité des morts je ne sens plus la mort. Je suis libre et j'ai la paix et l'amour de Dieu. Gloire à Dieu. Nous devons confesser positivement car c'est une vérité absolue. Dieu m'aime. Par sa justice il agit, il est bon et juste, alléluia. Dieu se réjouit de ma présence et quand j'ouvre ma bouche il est très sensible pour intervenir. Raison de plus pour enlever le monde dans mon cœur et le remplir par la parole et la louange à Dieu. Alléluia sort automatiquement dans mon cœur m'exprimant par la bouche. Soyez rempli du Saint Esprit. Nous devons confier tout à Jésus et ne laisser aucune place au diable. Voici un bon état d'un enfant de Dieu.

Marchons selon l'esprit nous n'accomplirons jamais le désir de la chair. La chair a des désirs contraires à ceux de l'Esprit ; ils sont opposés entre eux… Si nous sommes conduit dans l'esprit, nous ne sommes point sous la loi Gal 5 ; 16-18

Dieu n'a jamais approuvé le feu étranger comme firent les enfants d'Aron qui furent brûlés devant toute l'assemblée, n'acceptez pas d'aller ailleurs pour recevoir la puissance divine. Si les puissances ne viennent pas à travers Jésus, elles sont étrangères et fausses. Dieu se suffit par sa parole et ne fait acception de personne.

Le premier travail important du serviteur de Dieu n'est pas d'intimider les gens mais de les apporter devant la lumière pour que chacun voit son image et reçoit la révélation pour se repentir devant Dieu. Tous ont péché et privés de la gloire de Dieu ; ils sont gratuitement justifiés par sa grâce, par le moyen de la rédemption qui est en Christ. Rom 3 ; 23-24. La loi de la foi est tout à fait différente de loi des œuvres. Nous croyons que l'homme est justifié par la foi, sans les œuvres de la loi. Rom 3 ; 26-29 Jean 1 ; 17

Toute condamnation ou jugement sont les œuvres de la chair et de la loi de Moïse Il est à noter que la loi fut donnée à Moise mais la grâce et la vérité sont venues, par Jésus-Christ. La bonne nouvelle est pour tout le monde et tous ont droit à cette grâce divine. La vie de Jésus toque à toutes les portes sans distinction. Effectivement dans toutes les religions les œuvres de la loi sont très nombreuses alors que le christianisme ne les conçoit pas. Il est possible d'être renouvelé aujourd'hui, d'être pardonné aujourd'hui, d'être délivré aujourd'hui, d'être purifié aujourd'hui, d'être baptisé par le Saint Esprit aujourd'hui, de recevoir la lumière maintenant, la décision de cette heure vous ouvrira la richesse divine sans aucun problème. Voici la bonté de Jésus-Christ qui renouvelle les âmes, celui qui ne se fatigue pas, il veut à tout prix que tous nous recevions la vie éternelle en son nom.

Par la foi je confesse que le ciel est ma demeure éternelle, je ne serai jamais condamné parce que je suis dans le Seigneur, la vie de Christ me donne l'accès de communiquer avec Dieu à tout moment. Pas de sorcellerie ou de l'enchantement sur moi. Je suis couvert par le sang de Jésus. Je suis le temple vivant de Jésus Christ. L'amour de Christ inonde mon amour. Je vivrai pour la gloire de Dieu. Les signes et les prodiges m'accompagneront tout le long de ma vie. Miracle arrivera toujours dans ma maison et dans ma présence. Jésus est mon défenseur et mon avocat, alléluia.

Une parole inspirée venant dans le surnaturel peut changer toute la vie et aussi la destinée. Nous avons intérêt de mettre beaucoup de temps à écouter la parole de Dieu au lieu des blagues, des comédies et des plaisanteries de ce monde. Tout ceci enlève l'onction et place quelqu'un dans la sècheresse spirituelle.

J'appelle tous mes collègues serviteurs de pouvoir aller de l'avant et répondre positivement à l'appel de Jésus Christ ; la voix de la grande commission. Vous réussirez en vous concentrant à l'œuvre de Dieu sans la mélanger avec les œuvres animales. La peur, les doutes et les découragements doivent être surmontés par la foi. Ne soyez pas distraits par des solutions temporaires, nous avons une solution permanente devant nous. Une maison, une voiture, et toutes richesses de ce monde sont des solutions temporaires bien que nous en avons besoin. Que ces solutions temporaires ne nous privent pas de la gloire de Dieu.

NB : La cause de rendre inutile le verset de Jean 12 ; 14

1. le manque de la foi dans le surnaturel
2. La peur d'engager une action d'autorité
3. Le manque de prière efficace
4. La plénitude du monde et de ses traditions dans le cœur.
5. Le doute des signes et des prodiges
6. Le manque de l'amour de Dieu
7. L'obstination de ne pas croire à la parole parlée et la négligence de l'intervention du Saint Esprit.

d. L'assurance dans le surnaturel

La confession audacieuse.

Le monde spirituel ou le surnaturel a un langage des vainqueurs, il confirme ce que nous croyons comme Rom 10 ; 8-10

8 Que dit-elle donc? La parole est près de toi, dans ta bouche et dans ton cœur.
Or, c'est la parole de la foi, que nous prêchons.
9 Si tu confesses de ta bouche le Seigneur Jésus, et si tu crois dans ton cœur que
Dieu l'a ressuscité des morts, tu seras sauvé.
10 Car c'est en croyant du cœur qu'on parvient à la justice, et c'est en confessant
de la bouche qu'on parvient au salut, selon ce que dit l'Écriture
11 Quiconque croit en lui ne sera point confus.

Voici les grandes raisons qui nous certifient, non pas seulement à croire mais aussi de confesser notre foi. La Bible nous garantie que Le Seigneur ne nous laissera pas confus si nous croyons. La croyance ne reste pas seulement au cœur mais aussi dans la bouche. Par nos paroles nous dominerons sur les dominations, sur les autorités, et sur sur les princes de ce monde de ténèbres et sur les esprits méchants dans les lieux célestes ; et nos pieds auront le droit de posséder spirituellement le contrôle de partout où nous foulons.

Heb 4

[14] Ainsi, puisque nous avons un grand souverain sacrificateur qui a traversé les cieux, Jésus, le Fils de Dieu, demeurons fermes dans la foi que nous professons.

[15] Car nous n'avons pas un souverain sacrificateur qui ne puisse compatir à nos faiblesses; au contraire, il a été tenté comme nous en toutes choses, sans commettre de péché.

[16] Approchons-nous donc avec assurance du trône de la grâce afin d'obtenir miséricorde et de trouver grâce, pour être secourus dans nos besoins.

Ayant compris le monde surnaturel nous devons croire à toutes les réalités bibliques et les déclarer comme le médecin déclare ses prescriptions médicales.

Le Seigneur est mon protecteur
Le Seigneur est mon rocher
Il est mon libérateur
Il est mon espoir
Le Seigneur m'a purifié
Le Seigneur m'a sanctifié
Il m'a justifié
Le Seigneur est avec moi
Je demeure dans sa présence
J'ai la protection divine
Je suis la prunelle des yeux de Dieu
Le Seigneur a pris toutes mes faiblesses et toutes mes iniquités
Il est ma grande provision
Il est ma source de joie
Il m'a guéri complètement
Il m'a pardonné de tous les péchés
Le Seigneur a restauré mon âme
Sa bonté et sa miséricorde m'accompagneront tous les jours de ma vie.
Je ne mourrai pas mais je vivrai pour la gloire de Dieu
Je suis le tabernacle de Dieu et la colonne de gloire divine est sur moi.
Dieu m'a oint pour prêcher la bonne nouvelle, de guérir les malades et ouvrir les yeux des aveugles.
Les prodiges et les miracles m'accompagnent.
Dieu m'a ouvert la porte du succès que personne ne peut fermer.
Dieu est le créateur et celui qui fait les signes et les miracles.
Rien n'est impossible à Dieu.

Tout est possible à celui qui croit
Rien n'est difficile à Dieu.
Je marche sur les serpents et les scorpions et aucune puissance de l'ennemie ne me nuira
Dieu est avec moi, et sa gloire est en moi
Dieu ne m'oubliera jamais.
Dieu me donnera plus de sept élévations et plus de sept promotions.
Avec mes mains, je toucherai la bonté de Dieu.
Avec mes yeux je verrai les signes et les prodiges pour ma faveur.
Je suis plus que vainqueur ; je suis un marteau et l'instrument de guerre de Dieu.
Je puis faire toute chose par celui qui me renforce.
Le ciel est ma maison, la sainteté est ma qualité et l'onction fraîche est mienne.
Le miracle me suivra et Dieu multipliera mes graines.
la victoire m'appartient.
Je suis dans la présence de Dieu
Aucune arme forgée contre moi ne prospérera.
Jésus est le même hier, aujourd'hui et éternellement.
Je crois au surnaturel et aucun démon ne se tiendra devant moi.
Dieu fera que tous mes projets réussissent
Les signes et miracles me suivront.
Dieu élèvera mon nom et je serai toujours la tête et jamais la queue tous les jours de ma vie.
Dieu me placera à une grande position pour que j'expose Jésus à toutes les nations.
Je ne craindrai ni les terreurs de la nuit ni la flèche qui vole le jour, ni la peste qui marche dans les ténèbres, ni la contagion qui frappe en tout midi.
Que mille tombent à mon côté et dix mille à ma droite, je ne serai pas atteint.
De mes yeux seulement je regarderai, et je verrai la rétribution des méchants.

L'Eternel est mon refuge, j'ai fait du très haut ma retraite, aucun malheur ne m'arrivera, aucun fléau n'approchera de ma tente car il ordonnera à ses anges de me garder dans toutes mes voies.

e

LE TEMOIGNAGE DES SERVITEURS DE DIEU DEPUIS L'ANCIEN TESTAMENT

1. MOISE. Les différents miracles devant Pharaon pour délivrer le peuple Juif en Egypte.
2. Le miracle du bâton pour créer un chemin dans la mer rouge.
3. Les grandes victoires contre tous les ennemis d'Israël.
4. Le rocher qui produit de l'eau pour Israël
5. Miracle de la manne et la caille
6. La mort de Koran, Abiram et Dathan

1. JOSUE. Le passage dans les eaux du Jourdain.
2. L'arrêt de la terre et de la lune.
3. Les grandes victoires dans les guerres

1. ELIE. Le feu qui dévora les militaires d'Ahab
2. Le feu qui dévora l'eau et les offrandes, le bois au mont Carmel.
3. La fermeture du ciel pour arrêter les pluies pendant trois ans et six mois.
4. Prière pour ramener de la pluie.
5. L'ascendance au ciel physiquement sans connaître la mort.
6. ELISEE
    1. Miracle de la Sunamite
    2. Miracle de Naaman
    3. Miracle pour les enfants des prophètes
    4. Miracle avec la veste d'Elie
    5. Miracle pour ouvrir les yeux spirituels de Guehazi
    6. Miracle par son corps au cimetière.

7. DAVID

    1. Miracle contre le loup et le lion
    2. Miracle contre Goliath
    3. Miracles du salut contre Saul
    4. Miracles de délivrances contre ses ennemies

8. PIERRE
    1. Miracle du paralytique
    2. Miracle par sa silhouette
    3. La résurrection de Dorcas
    4. Miracle de délivrance par un ange.

D'autres miracles sont détaillés dans Google pour voir le surplus avec des explications nécessaires.

9. PAUL

10. PHILIPPE

11. AZUZA STREET

12. CHARLES FINNEY

13. SMITH WIGGLESWOTH

14. T. L. OSBORN

15. BENSON IDAHOSA

16. MOSES KULOLA

17. REINHARD BONNKE

N.B. : Personne n'impressionnera Dieu par les exploits qu'il fait mais par ces cinq points déjà détaillés dans ce chapitre :

1. En demeurant dans la foi nous créons la joie de Dieu et nous lui sommes agréables; 2 En priant et en écoutant ou lire la parole de Dieu nous accumulons l'onction divine dans notre vie ; 3 Etant dans la sainteté nous sommes respectueux devant la présence de Dieu et de ses anges ; 4 En donnant pour l'œuvre de Dieu nous remplissons notre trésor divin ; 5 En ayant une excellente relation personnelle avec Dieu, le ciel est ouvert pour moi et tout ce que n'est pas de Dieu n'a pas le droit d'être dans ma vie.

E. NE PAS AIMER LE MONDE ET CE QUI LE REMPLI

1 Jean 2, 15-17

15 N'aimez point le monde, ni les choses qui sont dans le monde. Si quelqu'un aime le monde, l'amour du Père n'est point en lui;

16 car tout ce qui est dans le monde, la convoitise de la chair, la convoitise des yeux, et l'orgueil de la vie, ne vient point du Père, mais vient du monde.

17 Et le monde passe, et sa convoitise aussi; mais celui qui fait la volonté de Dieu demeure éternellement.

Ce principe est très capital dans le service de Dieu et dans la vie des enfants de Dieu. Ce monde ne nous appartient pas et il est rempli de beaucoup de convoitises pour faire qu'on marche dans la chair et qu'on imite le monde. Tout ce que l'homme peut trouver sur cette terre est temporaire, que cela soit l'honneur et les biens, un jour ils seront abandonnés.

Le monde naturel renferme des choses qui font que beaucoup ne voient que les subtilités provisoires.

Nous devons arriver à vomir le monde et ce qui le rempli. Dieu nous donnera absolument nos besoins mais nos yeux et nos cœurs doivent être focalisés aux effets célestes.

Etant rempli des choses de ce monde, tout ce qui est fait présente la convoitise, la jalousie, l'orgueil et l'égoïsme à outrance.

Ce que l'homme reçoit aujourd'hui ne sera jamais sa satisfaction permanente, il l'oubliera après quelques moments mais l'amour de Dieu est éternel. Pour être utilisé par Dieu il faut en tout moment suivre sa parole et sa volonté. Pourquoi les églises imitent le monde, dans l'habillement, dans la façon de parler, et de vivre ? C'est par l'incrédulité et l'amour de ce monde. Tout ceci ne fera jamais la satisfaction intérieure. L'homme affermi est un instrument divin pour affermir les autres.

Jésus avait dit à ses disciples à ces mots : « En vérité, en vérité, je vous le dis, si le grain de blé qui est tombé en terre ne meurt, il reste seul ; mais s'il meurt, il porte beaucoup de fruits, Celui qui aime sa vie la perdra, et celui qui hait sa vie dans ce monde la conservera pour la vie éternelle. Si quelqu'un me sert, qu'il me suive ; et là où je suis, là aussi sera mon serviteur. Si quelqu'un me sert le Père l'honorera. Jean 12 ; 24-27

Comment un serviteur peut prétendre être honoré par le Père quand il est rempli de ce monde ? Cette parole est esprit et c'est l'Esprit qui donne la vie. La bonne nouvelle n'est pas la vantardise, la compétition mais c'est le partage de la vie de Jésus-Christ. Cette vie sauve, délivre, guérit et suscite beaucoup de gloire de Dieu et non de l'homme. Dieu est glorifié et pas quelqu'un d'autres. Lorsque je fus tenté de mélanger l'évangile avec beaucoup d'activités de la chair, la perdition de la vraie onction m'était arrivée et tout se faisait mécaniquement jusqu'à être fatigué. Ma vie perdit le sens divin et si je n'étais pas mort c'est par la grâce de Dieu.

Etant rejeté, un esprit de rejet commença à me troubler et le remède fut de pleurer à tout moment, mais la lumière de Dieu vient à moi pour le second tour, je me suis repentis de toutes les distractions, et la vie de Dieu rentra en moi quand je me suis décidé de vomir le monde et ce qui le remplit. Proverbes 14 ; 16 Psaume 103 ; 12

Ensuite je me suis laissé à la disponibilité de Dieu. La puissance que je ressente aujourd'hui est très supérieure à la précédente et la joie de servir Dieu inonde mon cœur. La peur et le doute sont disparus et je vois par la foi comment, les gents sont sauvés les autres se repentent et quitte le compromis de ce monde, les aveugles voient, les sourds entendent, les muets parlent et la parole de Dieu est administrée avec la puissance spirituelle. Je vois comment les morts sont ressuscités et aussi la guérison de toutes infirmités, Alléluia.

Vous qui me lisez, si vous êtes dans n'importe quel cas des maladies et d'infirmités, Jésus peut vous délivrer instantanément si vous croyez a ma parole parlée. Dieu veut vous faire du bien maintenant. Croyez et accepter ma prière de la foi sur vous au nom de Jésus et vous serez libérés. Jésus est ici, il est le libérateur, le rédempteur, le chemin, la vérité et la vie.

Nous ne pouvons pas continuer ce que Jésus a commencé avec L'esprit du monde. Au lieu d'être rempli par le monde et ses convoitises, soyez rempli de la vie de Christ, soyez rempli du Saint Esprit.

La philosophie de ce monde, les paroles méchantes, les excuses pour manquer des privations pour être dans la présence de Dieu et l'orgueil humain, empêchent l'Esprit de Dieu de travailler. Nous devons avoir l'amour de Dieu et la compassion des âmes.

La grande différence des serviteurs de Dieu et ceux du malin se fait par le fruit présenté. Tout miracle n'est pas nécessairement de Dieu. Je me pose de question de voir d'autres serviteurs qui font des spectacles qui ne rendent pas gloire à Dieu.

Aujourd'hui plusieurs serviteurs mondains enseignent d'aimer le monde et ce qui le remplit, et les assemblées religieuses aiment cela. Mais, sachez qu'ils rejettent la parole de Dieu et commettent les péchés qui l'écartent de la vérité. A cause d'une solution temporaire ne rejetez pas celle qui est éternelle.

Avoir une assemblée splendide remplie de milliers de gens, n'impressionne pas Dieu ; si la parole est négligée et elle adopte les modèles selon le monde, elle n'est qu'une religion comme les autres. Voici la cause qui fit que les réveils laissés par les hommes de Dieu se transforment en religion. Réveillons nous frères et sœurs pour rentrer dans la volonté de Dieu.

Comment suivre Jésus-Christ ; Luc 9 : 23

23 Puis il dit à tous: Si quelqu'un veut venir après moi, qu'il renonce à lui-même, qu'il se charge chaque jour de sa croix, et qu'il me suive.

24 Car celui qui voudra sauver sa vie la perdra, mais celui qui la perdra à cause de moi la sauvera.

25 Et que servirait-il à un homme de gagner tout le monde, s'il se détruisait où se perdait lui-même?

26 Car quiconque aura honte de moi et de mes paroles, le Fils de l'homme aura honte de lui, quand il viendra dans sa gloire, et dans celle du Père et des saints anges.

Pour suivre Jésus, il faut absolument commettre un renoncement de soi, celui de l'esprit du monde. Après ce renoncement alors vous pouvez suivre Jésus-Christ. Mais quand l'ego continue à dominer les activités, l'égoïsme envahit la place où le Saint Esprit devait prendre.

Le monde actuel est capitaliste et détient l'amour par intérêt mais Dieu veut qu'on fasse du bien à celui qui est nécessiteux sans vouloir tout intérêt charnel. Dieu est le bon payeur. Ce monde matériel ne voit pas le royaume de Dieu qu'il nous a promis. Si nous suivons Dieu par intérêt du monde seulement nous sommes dans l'ignorance. Celui qui suit Jésus Christ doit renoncer à tout qui n'est pas dans la volonté de Dieu.

Les œuvres de la chair font que les gens perdent la gloire de Dieu et la vie de Christ. Celui qui est appelé doit librement refuser tout qui est contraire à la volonté de Dieu. Un enfant de Dieu est le temple du Saint Esprit et en aucun cas il doit y mettre ce qui est impur. Il ne doit pas se conformer au siècle présent, mais transformé par le renouvellement de l'intelligence, afin de discerner quelle est la volonté de Dieu, ce qui est agréable et parfait. Rom 12 ; 4

Aujourd'hui nous vivons l'heure de la technologie et elle a apporté certains faits positifs et aussi très négatifs. Un enfant de Dieu doit nécessairement contrôler tous ces aspects et prendre le côté positif.

Prenons par exemple le téléphone et la télévision, ces deux instruments peuvent dérober tout le temps jusqu'à manquer le moment d'adorer Dieu et de réfléchir. Ils font que dans le foyer vive une division manifeste. Souvent on est toutes les fois esclave du téléphone, on est avec lui partout et à tout moment ; la nuit on dort avec lui, on se réveille avec lui, et au travail toutes les fois les yeux le consultent. On le fait devenir un dieu qui prend toute la psyché et l'intellect. Dieu a besoin de votre temps aussi, et il vous a créé pour l'adorer. Vos enfants voudraient parler avec vous ; votre partenaire sera ravi d'avoir un échange de parole avec vous. Que vous n'aimiez pas ce téléphone plus que Dieu. A l'église il vous contrôle, au travail même à la toilette, Quelle servitude. Que l'ordinateur n'avale pas toutes vos heures, toute fois au Facebook, Viber, Whatsup, Email et d'autres. Nous devons avoir un temps pour chaque chose. Nous appartenons à Dieu. Nous devons absolument avoir un temps suffisant pour être dans la présence de Dieu. Il sera sage d'annuler d'autres programmes et garder jalousement le temps de Dieu. Aujourd'hui beaucoup, par manque de temps ne lisent plus la bible, alors comment ils grandiront spirituellement. Tout le monde a besoin d'écouter le ainsi dit L'Eternel. Beaucoup de pays industrialisé, le culte se fait avec importance seulement le dimanche, comment voulez vous voir une maturité spirituelle.

Phil ; 3 ; 7-14, 20-21

7 Mais ces choses qui étaient pour moi des gains, je les ai regardées comme une perte, à cause de Christ.

8 Et même je regarde toutes choses comme une perte, à cause de l'excellence de la connaissance de Jésus Christ mon Seigneur, pour lequel j'ai renoncé à tout, et je les regarde comme de la boue, afin de gagner Christ,

9 et d'être trouvé en lui, non avec ma justice, celle qui vient de la loi, mais avec celle qui s'obtient par la foi en Christ, la justice qui vient de Dieu par la foi,

10 Afin de connaître Christ, et la puissance de sa résurrection, et la communion de ses souffrances, en devenant conforme à lui dans sa mort, pour parvenir,

11 si je puis, à la résurrection d'entre les morts.

12 Ce n'est pas que j'aie déjà remporté le prix, ou que j'aie déjà atteint la perfection; mais je cours, pour tâcher de le saisir, puisque moi aussi j'ai été saisi par Jésus Christ.

13 Frères, je ne pense pas l'avoir saisi; mais je fais une chose: oubliant ce qui est en arrière et me portant vers ce qui est en avant,

14 je cours vers le but, pour remporter le prix de la vocation céleste de Dieu en Jésus Christ.

20 Mais notre cité à nous est dans les cieux, d'où nous attendons aussi comme Sauveur le Seigneur Jésus Christ,

21 qui transformera le corps de notre humiliation, en le rendant semblable au corps de sa gloire, par le pouvoir qu'il a de s'assujettir toutes choses.

L'apôtre Paul a comparé le monde et la gloire comme de la boue en la comparant à la gloire de Dieu.

Paul démontre bien sa position concernant l'évangile, en considérant seulement la gloire de Dieu qui est incomparable à toutes ces poubelles qui distraient les hommes.

Nous devons prêcher l'évangile avec le but de sauver les âmes et prier pour les affligés et pour ceux qui soufrent de n'importe quel problème.

L'humilité et la sainteté nous feront une différence avec les faux serviteurs qui refusent de souffrir pour l'évangile. En Christ nous avons la partie des peines et celle de joie. Nous devons l'accepter et chasser les démons avec toutes ses ruses.

Celui qui enseigne contrairement la parole de Dieu est anathème et travaille pour le diable. Le mensonge est devenu un grand instrument pour dévier les enfants de Dieu et aussi exploiter ceux qui ne connaissent pas la parole.

Il est anormal d'être ennemi de la croix et prétendre qu'on sert Jésus-Christ.

La bible nous demande de porter la croix chaque jour si nous voulons suivre Jésus-Christ. Cette croix n'est pas ce que les NICOLAITES ET LES PHARISIENS portent pour montrer leurs titres ecclésiastiques mais la vie de Christ. En voulant être ami du monde on déclare ouvertement qu'on est ennemi de Dieu. Se marier, s'enrichir, posséder le matériel n'est pas un péché mais que la valeur de l'homme ne soit déterminée par ce que Paul qualifie de la perte en la comparant de l'excellence de la connaissance de Jésus-Christ. Paul a renoncé à tout, et le considère comme de la boue, afin de connaître Christ, et la puissance de résurrection.

Jean 15 ; 10, 12- 15, 18-20

10 Si vous gardez mes commandements, vous demeurerez dans mon amour, de même que j'ai gardé les commandements de mon Père, et que je demeure dans son amour.

12 C'est ici mon commandement: Aimez-vous les uns les autres, comme je vous ai aimés.

13 Il n'y a pas de plus grand amour que de donner sa vie pour ses amis.

14 Vous êtes mes amis, si vous faites ce que je vous commande.

15 Je ne vous appelle plus serviteurs, parce que le serviteur ne sait pas ce que fait son maître; mais je vous ai appelés amis, parce que je vous ai fait connaître tout ce que j'ai appris de mon Père.

18 Si le monde vous hait, sachez qu'il m'a haï avant vous.

19 Si vous étiez du monde, le monde aimerait ce qui est à lui; mais parce que vous n'êtes pas du monde, et que je vous ai choisis du milieu du monde, à cause de cela le monde vous hait.

20 Souvenez-vous de la parole que je vous ai dite: Le serviteur n'est pas plus grand que son maître. S'ils m'ont persécuté, ils vous persécuteront aussi; s'ils ont gardé ma parole, ils garderont aussi la vôtre.

Nous sommes amis de Jésus si nous faisons son commandement. Il est inadmissible de continuer les œuvres de Christ si son commandement n'est pas exécuté. Le monde connait que nous ne sommes pas du monde et c'est la raison de ne pas nous aimer. Le monde aime les serviteurs qui ne font pas le commandement de Dieu. Ils sont dans leur sphère d'activités s'efforçant avec toute ruse de mettre les gens confortables. La volonté de Dieu pour les églises est d'amener les âmes à Christ et les enseigner tout ce qu'il nous a enseigné. L'adoration et la louange avec un cœur pur créent la joie de Dieu. Tout qui vit dans la chair sera refusé un jour par Jésus et il lui dira que je ne vous connais pas.

Cette heure est très importante pour renoncer totalement aux œuvres qui enlèvent la gloire de Dieu et exposer partout la bonne nouvelle.

L'arrivée du Seigneur est très bientôt, elle doit trouver son épouse sainte, irrépressible, et sans tâche. Par conséquent, celui qui prêche la parole de Dieu doit personnellement se préserver de toutes souillures. Tout serviteur fidèle a réussi l'ordre d'appeler l'intervention divine au nom de Jésus pour transférer la vie de Christ à la multitude des gens. Jésus revient bientôt.

Galate 5 ; 7

7 Car la chair a des désirs contraires à ceux de l'Esprit, et l'Esprit en a de contraires à ceux de la chair; ils sont opposés entre eux, afin que vous ne fassiez point ce que vous voudriez.

18 Si vous êtes conduits par l'Esprit, vous n'êtes point sous la loi.

19 Or, les œuvres de la chair sont manifestes, ce sont l'impudicité, l'impureté, la dissolution,

20 l'idolâtrie, la magie, les inimitiés, les querelles, les jalousies, les animosités, les disputes, les divisions, les sectes,

21 l'envie, l'ivrognerie, les excès de table, et les choses semblables. Je vous dis d'avance, comme je l'ai déjà dit, que ceux qui commettent de telles choses n'hériteront point le royaume de Dieu.

22 Mais le fruit de l'Esprit, c'est l'amour, la joie, la paix, la patience, la bonté, la bénignité, la fidélité, la douceur, la tempérance;

23 la loi n'est pas contre ces choses.

La chair sera toujours contraire à l'esprit, sa façon d'agir sera toujours contraire à celle de l'Esprit. En aucune place il ne faut jamais tolérer les œuvres de la chair par ce qu'elles ne peuvent pas accomplir la volonté de Dieu. Les réveils se transforment facilement à la religion parce que l'homme est tenté de fuir ce qui n'est pas sa tradition et de sa philosophie. Accepter les signes et les merveilles est spirituel, renoncer aux péchés et les loisirs du monde est un signe spirituel. Pour ne pas être sous la loi, nous devons marcher selon l'Esprit. Il ne faut jamais craindre ou avoir la honte d'être méprisé à cause de la volonté de Dieu, au contraire, réjouissons nous quand on nous maltraite à cause de son nom. Le monde et ce qui l'entoure passeront mais la parole de Dieu demeure éternellement. Vivons comme ceux qui donneront compte au Seigneur. Evitons tout ce qui peut amener le compromis avec Dieu. Tout ce que nous faisons en imitant les passions de ce monde est sous notre responsabilité. Dieu est responsable de sa parole. On ne commencerait pas avec les œuvres de la chair pour arriver dans l'esprit. Etant dans la parole de Dieu nous détenons les fruits de L'Esprit et nous marchons selon l'Esprit. Les faux serviteurs ne considèrent pas les fruits de l'Esprit parce que Satan ne le veut pas et son rôle principal est de les écarter dans nos vies. Examinons nous si les fruits de L'Esprit sont en nous, sinon nous devons nous repentir et nous appuyer au Saint Esprit pour les avoir.

Eph 5 : 1- 21

1. Devenez donc les imitateurs de Dieu, comme des enfants bien-aimés;

2 et marchez dans la charité, à l'exemple de Christ, qui nous a aimés, et qui s'est livré lui-même à Dieu pour nous comme une offrande et un sacrifice de bonne odeur.

3 Que l'impudicité, qu'aucune espèce d'impureté, et que la cupidité, ne soient pas même nommées parmi vous, ainsi qu'il convient à des saints.

4 Qu'on n'entende ni paroles déshonnêtes, ni propos insensés, ni plaisanteries, choses qui sont contraires à la bienséance; qu'on entende plutôt des actions de grâces.

5 Car, sachez-le bien, aucun impudique, ou impur, ou cupide, c'est-à-dire, idolâtre, n'a d'héritage dans le royaume de Christ et de Dieu.

6 Que personne ne vous séduise par de vains discours; car c'est à cause de ces choses que la colère de Dieu vient sur les fils de la rébellion.

7 N'ayez donc aucune part avec eux.

8 Autrefois vous étiez ténèbres, et maintenant vous êtes lumière dans le Seigneur. Marchez comme des enfants de lumière!

9 Car le fruit de la lumière consiste en toute sorte de bonté, de justice et de vérité.

10 Examinez ce qui est agréable au Seigneur;

11 et ne prenez point part aux œuvres infructueuses des ténèbres, mais plutôt condamnez-les.

14 C'est pour cela qu'il est dit: Réveille-toi, toi qui dors, Relève-toi d'entre les morts, Et Christ t'éclairera.

16 rachetez le temps, car les jours sont mauvais.

17 C'est pourquoi ne soyez pas inconsidérés, mais comprenez quelle est la volonté du Seigneur.

18 Ne vous enivrez pas de vin: c'est de la débauche. Soyez, au contraire, remplis de l'Esprit;

19 entretenez-vous par des psaumes, par des hymnes, et par des cantiques spirituels, chantant et célébrant de tout votre cœur les louanges du Seigneur;

20 rendez continuellement grâces pour toutes choses à Dieu le Père, au nom de notre Seigneur Jésus Christ,

21 vous soumettant les uns aux autres dans la crainte de Christ.

Notre charité doit être visible car elle est l'essence de notre nouvelle nature. Je témoigne la bonté d'un enfant de Dieu qui m'a rencontré perdu dans la ville de Buffalo. Il ne me connaissait pas mais quand je lui ai demandé de me renseigner, il a laissé tout son programme, me prit dans sa voiture, pour me faire arriver à un endroit qui fut difficile à trouver. Il a patienté tout le déboire de la route, et en arrivant il a ouvert sa porte monnaie pour me tendre cinquante Dollars, que Dieu continue à surprendre Tony par de merveilles dans toute sa vie. Les assemblées sont remplies à claquer le Dimanche mais si vous cherchez les chrétiens à l'extérieur de ces églises ils n'y sont pas parce qu'avec l'esprit du matérialisme, presque tous ne veulent pas entendre de la charité. Ils sont devenus méchants et fanfarons.

La charité fera que nous soyons la réponse de Dieu aux nécessiteux.

Les enfants de Dieu doivent fuir l'esprit de l'impudicité, donc tout qui pourrait attirer le désir sexuel est un piège diabolique pour souiller les cœurs.

Le Seigneur déclare ; « Vous avez appris qu'il a été dit : tu ne commettras pas d'adultère, mais moi je vous dis que quiconque regarde une femme pour la convoiter a déjà commis l'adultère avec elle dans son cœur Matt 5 ; 27-28. Pourquoi l'exposition de certaines parties du corps sensible de la femme telles que les cuisses, la poitrine et le ventre ? Pourquoi les collants qui découvrent les organes de la femme ? Pourquoi laisser le pantalon flotté sur les derrières ? Tout ceci c'est de l ' esprit de l'impudicité et l'église a déjà imité ce modèle païen. En vérité, en vérité je vous dis que les impudiques font la colère de Dieu. Un homme qui couche avec une femme qui n'est pas la sienne est dans le péché. Une femme qui couche avec un homme qui ne l'appartient pas est dans l'adultère.

Les paroles déshonnêtes et les plaisanteries ne conviennent pas dans notre langage. Aujourd'hui nous avons beaucoup de grands orateurs chrétiens qui sont connus et appréciés mondialement mais malheureusement leurs discours sont séduisants et n'ont rien de spirituel. Le monde aime cela et c'est l'actualité quotidienne. Si ces discours ne peuvent pas amener les âmes à Christ et apporter la délivrance divine, une grande lacune est manifeste. Dieu approuvera un serviteur qui n'est pas érudit mais qui présente Christ pour sauver, guérir et toucher spirituellement et physiquement les hommes.

Séparons nous de tout ce qui est une pierre d'achoppement au mal et résistons Satan dans tous ses plans. Nous sommes au monde mais nous n'appartenons pas à ce monde. Quel est le but de s'habiller les habits qui attirent la sexualité ? Quel est le but du langage séduisant ? Tout ceci est le piège du diable pour séduire.

Nous devons marcher dans la lumière dans toutes les circonstances ; nous devons nous entretenir par des témoignages qui donnent gloire à Dieu, nous devons nous rencontrer pour nous édifier dans la parole de Dieu et saisir le temps de louer Dieu par des cantiques et des chansons qui nous apportent la présence du Saint Esprit.

Le malin a introduit le culte de s'enivrer dans beaucoup d'assemblées religieuses, la bible déclare que c'est la débauche, au contraire soyez rempli du Saint Esprit.

Ne négligeons pas de rendre grâce à Dieu continuellement.

Le fait de ridiculiser quelqu'un parce qu'il est considéré comme un pécheur n'est pas autorisé par Dieu. Le jugement appartient à Dieu et pas à n'importe qui. Nous devons nous arrêter aux conseils et non aux critiques et à la médisance.

Souvent les religieux sont axés à leur doctrine qui n'a rien à faire avec la parole de Dieu. Gardez votre doctrine dans votre dénomination mais personne ne sera jamais justifié selon votre dogme. La maturité spirituelle expose la vie de Christ et non la vie de quelqu'un d'autre.

Travaillons comme ceux qui ne sont pas dans ce monde. Soyons animés du zèle divin évitant la corruption et la convoitise de ce monde. Pourquoi faire les compétitions et de concurrences charnelles dans l'œuvre de Dieu. Si il y a un endroit où ceux-ci ne doivent pas apparaître c'est dans l'œuvre de Dieu. Le travail appartient à Dieu et c'est lui qui doit s'accaparer de toutes gloires. Les choses du monde ne doivent pas être notre objectif mais les outils pour arriver à la satisfaction de la vision divine. Un bon serviteur de Dieu doit avoir l'esprit de partage aux nécessiteux. Qu'on ne soit pas divisé à cause des dénominations. Au ciel nous avons un seul Père, un seul Sauveur et un seul Esprit. Laissons tout esprit de rivalité, nous avons un seul Seigneur et ne négligeons pas les autres à cause des biens de ce monde. Tout ce qui rempli ce monde restera mais la parole de Dieu demeure éternellement. Nous sommes dans ce monde mais nous n'appartenons pas à ce monde. Nous avons une mission divine à remplir sur cette terre et c'est la voix de la grande commission.

F. ENLEVER LA PEUR ET SE CONNECTER A L'ESPRIT SAINT

Dieu ne nous a pas laissé seul, Il nous a envoyé le Saint Esprit qui est Dieu et nous donne la puissance nécessaire pour détruire les œuvres de Satan.

Mais le malin travaille avec l'esprit de la peur pour nous déstabiliser dans l'œuvre de Dieu. Il travail avec son instrument principal qui est la peur. La peur montre que nous serons confus et ridicule quand nous croyons aux miracles et aux merveilles de Dieu. Son but est de laisser l'homme dans la tradition, la routine et dans les résolutions de la chair. Satan est menteur et père des menteurs il ne faut pas l'écouter. Il montre que l'homme doit rester dans le naturel alors que Dieu nous a engendré dans le surnaturel qui est notre nouvelle nature et le don de Dieu. Le Seigneur Jésus est venu détruire les œuvres du diable, et nous, nous continuons son travail. Personne ne peut détruire le diable et ses œuvres dans le naturel car il est aussi un esprit.

Pour lier un homme fort, vous devez être plus fort que lui, et avec la chair personne ne peut gagner contre Satan, il est impératif de se connecter avec la puissance de Dieu pour gagner toute bataille. Lorsqu'un homme fort et bien armé, garde sa maison, ce qu'il possède est en sécurité. Mais si un plus fort que lui survient et le dompte, il lui enlève toutes les armes dans lesquelles il se confiait, et il distribue ses dépouilles. Celui qui n'est pas avec moi est contre moi et celui qui n'assemble avec moi disperse. Luc 11 ; 21-23

Par la foi, mon esprit est connecté
Mon âme est connectée
Mon cœur est connecté au St Esprit
Mon corps est racheté
Mon intelligence est renouvelée
Ma bouche est connectée…
Mes paroles sont connectées…
Mes pensées sont connectées…
Mon ministère est connecté…
Le Seigneur fut toujours connecté à son Père
Sans la connection au St Esprit on est dans la chair

Par les paroles de Dieu la connection est disponible
Pierre, Paul et les hommes oints par L'Esprit furent connectés
Les paroles du monde provoquent la déconnection
Pour demeurer dans la connection, il faut demeurer dans la parole de Dieu.
L'onction qui fut sur Élisée l'a suivi jusque dans sa tombe et ressuscita un mort
Si l'onction dans la tombe a ressuscité, combien serait très puissant l'onction d'un vivant.
Pierre dans la connection a guéri le paralytique à la porte de la synagogue
La connection nous suit partout quand nous parlons et confesser la parole de Dieu.
La peur et le doute sont les éléments de base de toutes les déconnections et la désactivation. Parler avec un homme animé par la foi provoque l'activation et la connection. Pourquoi passer beaucoup de temps avec un religieux éloquent qui te mettra dans la boite de doutes et des pleurs. Sortons dans ces ruses de Diable et vivons le surnaturel à tout instant. Avec Dieu nous ferons des exploits et tout est possible à Dieu.

La connection divine est la condition sine qua non pour rester dans le surnaturel et le créer. La connection amène la transformation et la puissance de Dieu de performer l'impossible au possible.

La connection est semblable à l'électricité qui peut seulement donner la lumière quand elle branchée et en touchant aux interrupteurs la lumière arrive. Sans la connection au Saint Esprit, la lumière n'arrive point mais les silhouettes. Je ne veux pas les silhouettes mais la réalité. Dieu est vivant et Il veut libérer, guérir, sauver, transformer, ressusciter les morts physiques et spirituels mais nous devons ôter la peur et nous connecter complètement à la source qui est le Saint Esprit.

Nous n'avons pas reçu l'esprit de la peur. 2 Tim 1 ; 6-8 Car ce n'est pas l'esprit de timidité que Dieu nous a donné, mais un esprit de force, d'amour et de sagesse. N'aie donc point honte du témoignage à rendre à notre Seigneur.

La peur est l'esprit de servitude ; Rom 8 ; 14-16. **14** car tous ceux qui sont conduits par l'Esprit de Dieu sont fils de Dieu.

15 Et vous n'avez point reçu un esprit de servitude, pour être encore dans la crainte; mais vous avez reçu un Esprit d'adoption, par lequel nous crions: Abba! Père!

Car tous ceux sont conduits par l'Esprit de Dieu sont fils de Dieu. Et vous n'avez point reçu un esprit de servitude pour être encore dans la crainte ; mais vous avez reçu un Esprit d'adoption par lequel nous crions ; Abba ! Père ! L'Esprit lui même rend témoignage que nous sommes enfants de Dieu.

Quand vous connaissez que vous êtes puissant en Jésus Christ vous pouvez vaincre n'importe quoi.

N'ayez pas peur, je suis avec vous. Es 41 ; 10-13

10 Ne crains rien, car je suis avec toi; Ne promène pas des regards inquiets, car je suis ton Dieu; Je te fortifie, je viens à ton secours, Je te soutiens de ma droite triomphante.

11 Voici, ils seront confondus, ils seront couverts de honte, Tous ceux qui sont irrités contre toi; Ils seront réduits à rien, ils périront, Ceux qui disputent contre toi.

12 Tu les chercheras, et ne les trouveras plus, Ceux qui te suscitaient querelle; Ils seront réduits à rien, réduits au néant, Ceux qui te faisaient la guerre.

13 Car je suis l'Éternel, ton Dieu, Qui fortifie ta droite, Qui te dis: Ne crains rien, Je viens à ton secours.

Dieu nous parle toujours de ne pas avoir peur et promets sa protection et la victoire. Pourquoi croire à la peur et ne pas croire aux merveilles et la puissance de Dieu. Nous avons le choix de croire à la vie ou la mort. La peur tue lentement mais sûrement. Elle provoque la dépression et tous les maux connus et non connus. Reposant à la parole de Dieu, la victoire est certaine. Que ce soit les ennemis physiques ou spirituels Dieu interviendra pour notre succès. Que ce soit dans l'eau ou le feu, Il interviendra. Le feu n'a pas eu de pouvoir sur Shadrack, Méschac, et Abed Nego. Les lions n'avaient pas de pouvoir sur Daniel dans le fossé.

Dieu n'a jamais changé, il est toujours le même. Une décision de cette heure peut changer toute votre vie. Dieu agit. Beaucoup chantent les louanges de Dieu de la tête seulement et pas dans le cœur. La foi est dans le cœur et dans la bouche. Dieu n'a pas besoin d'écouter tout le tralala de discours religieux mais Il veut la foi qui sauve, qui guérit et qui montre la présence de Dieu. Ne soyez pas comme ceux là qui prêchent seulement pour l'argent et leur propre gloire. Dieu fera que l'argent vous suit partout. Ne courez pas après l'argent, laissez que l'argent court derrière vous pour servir le Seigneur.

Le Seigneur ordonne d'enseigner tout ce qu'il nous a prescrit et promet d'être avec nous jusqu'à la fin du monde. Mat. 28-20

Il nous assure son aide sans faille. Heb 13 :5- 6

La meilleure chose que nous pouvons faire est de conduire le peuple dans la présence de Dieu. Le Seigneur seul pardonne les péchés et se révèle envers son peuple. Nous devons entrer dans L'Esprit pour acquérir la puissance triomphale contre tous les démons et les esprits. Plus nous sommes dans l'Esprit plus l'Esprit de Dieu se manifeste. Toute chose devient très difficile quand on est dans la chair.

Nous devons conduire toujours le peuple dans la présence de Dieu. Pour y arriver nous devons y être en premier lieu, entrant profondément dans l'esprit pour réussir. Nous devons abandonner tout jugement et condamnation ; voir seulement le péché, n'est pas notre rôle . Dieu jugera son peuple. Nous devons seulement par sa parole les amener dans la lumière. Une fois dans la lumière chacun se voit comme dans un miroir et regrette de sa situation pour finir par une repentance au Seigneur.

Personne ne doit se glorifier, tous étaient morts par les offenses Eph 2. 2

2 Vous étiez morts par vos offenses et par vos péchés, dans lesquels vous marchiez autrefois, selon le train de ce monde, selon le prince de la puissance de l'air, de l'esprit qui agit maintenant dans les fils de la rébellion.

C'est une perversion diabolique qui cause que le peuple ne fait pas ce qui est droit. La délivrance personnelle arrive quand le chrétien se repent de ses mauvaises actions et renonce aux esprits démoniques qui opéraient dans sa vie.

L'esprit de peur lie et commande mais au nom de Jésus vous pouvez le chasser et quittera dans votre vie.

Parler la parole de Dieu de plus en plus, crée une bonne habitude et plait le Saint Esprit, et la gloire de Dieu peut faire de grandes choses. En le faisant nous approchons la présence de Dieu et sa puissance.

Le Saint Esprit nous place au dessus de la religion

Luc 10 ; 19-20

18 Jésus leur dit: Je voyais Satan tomber du ciel comme un éclair.

19 Voici, je vous ai donné le pouvoir de marcher sur les serpents et les scorpions, et sur toute la puissance de l'ennemi; et rien ne pourra vous nuire.

20 Cependant, ne vous réjouissez pas de ce que les esprits vous sont soumis; mais réjouissez-vous de ce que vos noms sont écrits dans les cieux.

Le Seigneur présente une solution temporaire et une solution permanente ; vos noms sont écrits aux cieux ; la joie que les disciples doivent avoir est d'arriver un jour dans le royaume de Dieu. Ces miracles et prodiges montrent la présence de Dieu qui a compassion des hommes. Quand le Seigneur opère les miracles dans nos vies, nous ne devons pas nous réjouir seulement de la démonstration spirituelle, par cette opportunité, il nous donne le moyen puissant de prêcher la parole avec des évidences qui convainquent le monde. Toutes les maladies et démons ne résistaient pas quand Jésus les chasser, et ce même esprit de miracle habite en nous jusqu'à l'enlèvement de l'église. Nous sommes appelés à continuer cette œuvre. C'est le but de l'église.

Ecoutez ce message ; Le soir, on amena auprès de Jésus plusieurs démoniaques. Il chassa les esprits par sa parole, et Il guérit tous les malades, afin que s'accomplisse ce qu'il avait été annoncé à Esaïe, le prophète ; **il a pris nos infirmités, et il s'est chargé de nos maladies. Nous avons le droit de confesser courageusement que Jésus a pris nos infirmités et nos maladies, et chasser les douleurs dans nos corps au nom de Jésus Christ. Mat 8 ; 16-17**

Le Seigneur nous ordonne de marcher sur le serpent et le scorpion et rien ne nous nuira. Voici la grande promesse que les chrétiens négligent. Nous devons la confesser, l'exécuter et y croire incessamment.

Nous ne devons pas entrer dans les accusations et les calomnies ainsi que la médisances des gens. Cela enlève l'onction et ramène la triomphe des œuvres de la chair en nous. Nous n'avons qu'un nom qui doit nous dominer et nous remplir, celui de Jésus Christ. Jésus n'avait pas besoin qu'on lui rend témoignage d'aucun homme ; car il savait lui même ce qui était dans l'homme. Jean 2 ; 25

Le peuple ne lit pas réellement les écritures, ils nous lisent.

Le ministère chrétien doit être diffèrent de celui des pharisiens et des saducéens qui se basent de la tradition humaine et l'ordre humain. Le ministère du chrétien expose Dieu qui agit partout au nom de Jésus. Les religions ne font que s'imiter en portant les grandes croix et des soutanes. Les apôtres de Christ n'avaient pas besoin de porter une croix sur le coup mais dans leur cœur. Aujourd'hui toutes les religions, protestantes et catholiques font le transfert de valeurs religieuses.

Jésus n'est pas dans ces livres de récitation liturgiques qui est prononcé dans tout le culte mais il est dans sa parole. Nous devons respecter le travail que Jésus a rempli à la croix et croire qu'il reste le Sauveur unique qui pardonne, et Il est le Seigneur pour tout qui croit en lui. Si le rôle de l'église n'est pas les âmes et l'adoration de Dieu dans l'Esprit, on est dans l'erreur. Beaucoup de réunions des anciens des églises sont religieuses et pas une réunion de prière. Les chrétiens ne doivent pas vivre toujours avec la froideur et la sécheresse spirituelle, alors que Jésus est toujours vivant.

C'est par la grâce et la miséricorde de Dieu, que Jésus tarde à venir prendre son épouse ; Il ne veut pas que les gens soient perdus, il s'entend à la repentance de nombreux avant de venir. Il ne faut pas prendre cette occasion de subtilité. Jésus revient très bientôt. Préparez vous à le rencontrer.

Ceux qui prêchent la bonne parole doivent se vêtir de tout le pouvoir et toutes les armes de Dieu pour sauver abondamment les âmes. Cela fera la joie de Dieu le Père et de son fils Jésus-Christ. Nous n'avons pas d'excuse parce que tout pouvoir nous a été donné. Moi de ma part, je me suis repenti et je compte quadrupler mes efforts spirituels pour exposer la vie de Jésus-Christ avec toute puissance avant que j'aille au ciel. Eph 6 ; 10-18

Quelles sont les personnes que Dieu veut dans son travail ?

Il veut les prédicateurs inspirés, ceux qui font que les gens s'attendent qu'ils leur amènent quelque chose.

Les serviteurs qui approuvent toute la parole de Dieu.

Les personnes qui amènent les solutions au peuple, et non pas un bagage pour eux, ou des menteurs.

Les serviteurs confiants à Dieu malgré toutes les épreuves.

Ceux qui cherchent l'intérêt de Dieu et de son peuple.

Ceux qui ne font pas du ministère un business personnel

Rien n'est impossible à Dieu. Ce qui est impossible à l'homme est possible à Dieu. Si vous pouvez croire seulement vous verrez la gloire de Dieu. Tout est possible à celui qui croit. Luc 18 ; 27 Vous êtes le produit de ce que vous avez choisi, vous êtes le produit de vos pensées. Raison de plus pour penser selon la parole de Dieu et pas les paroles des incrédules. Ne perdez pas votre temps à discuter avec eux, ils ne vous écouteront jamais sans voir la puissance de Dieu. En rejetant la puissance du Saint Esprit dans le ministère, vous ne serez que religieux et ordinaire au lieu de marcher sur les serpents et les scorpions.

Le paganisme est aujourd'hui dans les églises et tous le voient normal. Les actions païennes ont quitté dans le monde et les églises n'ont pas eu de problèmes pour les adapter dans beaucoup de cérémonies religieuses. Quand le Saint Esprit est négligé dans une église elle marche dans les ténèbres et les forces du mal prennent place facilement. Les églises pentecôtistes doivent se repentir et rentrer dans le premier évangile. Vous ne pouvez pas changer l'évangile comme vous changez chaque année la technologie. Beaucoup d'incrédulités empêchent le Saint esprit d'agir dans les assemblées religieuses. Elles peuvent chanter et prêcher selon le monde et non pas selon l'Esprit. Comment une église de cinq mille personnes, on manque un converti ou ceux qui se repentent ? Le problème réside dans l'incrédulité et dans le ministère charnel.

LA Bible déclare ; Ah ! Seigneur Eternel, voici tu as fait les cieux et la terre par ta grande puissance et par ton bras étendu : Rien n'est étonnant de ta part. Jer 32 ; 17

Rien n'est étonnant à Dieu, il peut faire au delà de tout entendement, Il est le seul qui parle et la création obéit sa voix. Depuis l'ancien testament jusqu'au nouveau Il nous montre ses exploits, nous feront une décision sage d'accepter sa voix et exécuter sa volonté. N'abandonnez pas et ne vous découragez jamais, Dieu réalisera toujours ses promesses.

Le combat de la foi

2 Cor 10 : 3

3 Si nous marchons dans la chair, nous ne combattons pas selon la chair.
4 Car les armes avec lesquelles nous combattons ne sont pas charnelles; mais elles sont puissantes, par la vertu de Dieu, pour renverser des forteresses.
5 Nous renversons les raisonnements et toute hauteur qui s'élève contre la connaissance de Dieu, et nous amenons toute pensée captive à l'obéissance de Christ.
6 Nous sommes prêts aussi à punir toute désobéissance, lorsque votre obéissance

sera complète.

Nous sommes exposés au combat de la foi jusque dans nos lits. Nous ne luttons pas dans la chair comme ceux qui utilisent leurs mains et d'autres armes charnelles. Le combat se fait dans le raisonnement, dans les pensées, dans les attaques de plusieurs formes. Mais les armes spirituelles dont nous détenons sont faites pour vaincre et renverser les forteresses de Satan. Ce combat se gagne par la confession de la parole de Dieu et d'envoyer les paroles puissantes qui suppriment toute influence diabolique. Tellement que nos armes sont très fortes le malin ne combat que dans la défaite passant par les tentations et les mensonges pour décourager. Mais la position de la croyance dans les promesses de Dieu ne fait que repousser toutes les ruses de diable et le mettre hors d'état de nuire. La connection au Sant Esprit nous rend invulnérable.

N'importe d'où vous venez, n'importe quelle est votre race, n'importe quelle est votre éducation, si vous êtes connecté au Saint Esprit, le mouvement des miracles sera dans votre vie. Cette connection causera votre témérité et vous n'aurez pas une place de peur et des doutes dans votre ministère. A défaut de cette connection, vous pouvez faire comme Pierre qui voulait se noyer par l'incrédulité, ou Elie qui fuyait Jézabel. Le secret de la connection de Samson résidait à garder l'alliance avec Dieu de ne pas couper ses cheveux. Tout ce qui est contre la volonté de Dieu apporte la déconnection et l'on reste dans la routine religieuse qui n'a rien à faire avec l'onction spirituelle.

Je puis posséder tous mes droits spirituels, uniquement quand je me me tiens dans ma nouvelle nature. Ceci, en confessant la parole de Dieu et en déclarant ce qui m'appartient tout en résistant les ruses de l'ennemi. J'ai le droit d'être en bonne santé, de mettre au monde, et de posséder tous mes besoins au nom de Jésus-Christ.

Il est avantageux de créer une atmosphère qui nous fera capable de rester dans la connection de la puissance du Saint Esprit. Ceci est un moyen biblique de vivre et d'entrer dans le domaine surnaturel. 2 Cor 5

7 car nous marchons par la foi et non par la vue,

17 Si quelqu'un est en Christ, il est une nouvelle créature. Les choses anciennes sont passées; voici, toutes choses sont devenues nouvelles.

De fois, vous êtes connecté mais vous manquez l'activation. Vous devez activer votre activation par la parole de Dieu.

Beaucoup veulent servir Dieu mais refusent la puissance de Dieu. Le problème majeur n'est pas la maladie mais la foi de la guérison. Le problème n'est pas la pauvreté mais la croyance concernant la provision divine. Le problème n'est pas la montagne mais comment parler avec elle. La sècheresse que vous avez est parce que vous ne voulez pas connecter toute votre vie à la puissance du Saint Esprit.

Dieu n'est pas l'auteur de la déconnection et la désactivation. C'est la responsabilité individuelle. Tout ce que vous refusez de prendre par la foi devient un obstacle dans le surnaturel. Une fois vous perdez la foi, immédiatement vous permettez la peur et le doute. Ma foi garde mes possessions et mes effets spirituels, physiques et matériels. Nous sommes des causes de la grandeur ou le contraire. Je suis connecté quand je marche dans la foi et déclare les promesses de Dieu. Ceci n'arrive pas, par une simple déclaration mais par posséder par la foi. Quand nous oublions la puissance de Dieu et sa présence en nous, le diable peut apporter une confusion comme il l'a fait avec Eve.

Jacques 4

6 Il accorde, au contraire, une grâce plus excellente; c'est pourquoi l'Écriture dit: Dieu résiste aux orgueilleux, Mais il fait grâce aux humbles.

7 Soumettez-vous donc à Dieu; résistez au diable, et il fuira loin de vous.

8 Approchez-vous de Dieu, et il s'approchera de vous. Nettoyez vos mains, pécheurs; purifiez vos coeurs, hommes irrésolus.

G : CROIRE A LA PAROLE PARLEE

Dieu a créé le ciel et la terre par sa parole parlée, et tout ce qu'Il parle arrive à se réaliser.

Les oints et les envoyés de Dieu ont continué à utiliser le même système pour exposer le pouvoir de Dieu.

Moïse parlait avec Pharaon et lui disait le ainsi parle L'Eternel.

Dieu lui fit un dieu pour Pharaon et Aaron son prophète. Ex 7 ;1

Ainsi, Moïse devait parler comme un dieu devant Pharaon et tous ce qu'il disait se réalisaient.

Moïse dit à l'assemblée d'Israël; « Si ces gens meurent comme tous les hommes meurent, si ils subissent le sort commun à tous les hommes ce n'est pas Dieu qui m'a envoyé ; mais si L'Eternel fait une chose inouïe, si la terre ouvre sa bouche pour les engloutir avec tous ceux qui leur appartiennent, et qu'ils descendent vivants dans le séjour des morts, vous saurez alors que ces gens ont méprisé l'Eternel. Nombres 16 ; 28-31

Josué dit à la présence d'Israël, Soleil arrête-toi, sur Gabaon, et toi, Lune, sur la vallée d'ajalon. Et le soleil s'arrêta, et la lune suspendit sa course, jusqu'à ce que la nation eût tiré vengeance de ses ennemis. Josué 19 ; 12-13

David dit à Goliath ; « Aujourd'hui L'Eternel te livrera entre mes mains, je t'abattrai et je te couperai la tête, aujourd'hui je donnerai les cadavres du camp du Philistins aux oiseaux du ciel et aux animaux de la terre. Et toute la terre saura qu'Israël a un Dieu. Et toute cette multitude saura que ce n'est ni par l'épée ni par la lance que L'Eternel sauve. Car la victoire appartient à L'Eternel. Et Il vous livre entre nos mains. 1 Sam 17 ; 46-47

Elie, le Thischbite, l'un des habitants de Galaad, dit à Achab : L'Eternel est vivant, Le Dieu d'Israël ! dont je suis le serviteur ! Il n'y aura ces années-ci ni rosée ni pluie, sinon à ma parole. 1 Rois 17 ; 1

10 Il se leva, et il alla à Sarepta. Comme il arrivait à l'entrée de la ville, voici, il y avait là une femme veuve qui ramassait du bois. Il l'appela, et dit: Va me chercher, je te prie, un peu d'eau dans un vase, afin que je boive.

11 Et elle alla en chercher. Il l'appela de nouveau, et dit: Apporte-moi, je te prie, un morceau de pain dans ta main.

12 Et elle répondit: L'Éternel, ton Dieu, est vivant! je n'ai rien de cuit, je n'ai qu'une poignée de farine dans un pot et un peu d'huile dans une cruche. Et voici, je ramasse deux morceaux de bois, puis je rentrerai et je préparerai cela pour moi et pour mon fils; nous mangerons, après quoi nous mourrons.

13 Élie lui dit: Ne crains point, rentre, fais comme tu as dit. Seulement, prépare-moi d'abord avec cela un petit gâteau, et tu me l'apporteras; tu en feras ensuite pour toi et pour ton fils.

14 Car ainsi parle l'Éternel, le Dieu d'Israël: La farine qui est dans le pot ne manquera point et l'huile qui est dans la cruche ne diminuera point, jusqu'au jour où l'Éternel fera tomber de la pluie sur la face du sol.

15 Elle alla, et elle fit selon la parole d'Élie. Et pendant longtemps elle eut de quoi manger, elle et sa famille, aussi bien qu'Élie.

16 La farine qui était dans le pot ne manqua point, et l'huile qui était dans la cruche ne diminua point, selon la parole que l'Éternel avait prononcée par Élie. 1 Rois 17; 10-16

Elisée dit, où est l'Eternel d'Elie ? Lui aussi, il frappa les eaux, qui se partagèrent çà et là, et Elisée passa. 2 Rois 2 ; 14

Des petits garçons sortirent de la ville, et se moquèrent d'Elisée, ils lui disaient : monte, chauve, monte chauve. Il se retourna pour les regarder, et il les maudit au nom de L'Eternel. Alors deux ours sortirent de la foret, et déchirèrent quarante deux de ces enfants. 2 Rois 2 ; 23-24

Une femme d'entre les femmes des fils des prophètes cria à Élisée, en disant: Ton serviteur mon mari est mort, et tu sais que ton serviteur craignait l'Éternel; or le créancier est venu pour prendre mes deux enfants et en faire ses esclaves.

2 Élisée lui dit: Que puis-je faire pour toi? Dis-moi, qu'as-tu à la maison? Elle répondit: Ta servante n'a rien du tout à la maison qu'un vase d'huile.

3 Et il dit: Va demander au dehors des vases chez tous tes voisins, des vases vides, et n'en demande pas un petit nombre.

4 Quand tu seras rentrée, tu fermeras la porte sur toi et sur tes enfants; tu verseras dans tous ces vases, et tu mettras de côté ceux qui seront pleins.

5 Alors elle le quitta. Elle ferma la porte sur elle et sur ses enfants; ils lui présentaient les vases, et elle versait.

6 Lorsque les vases furent pleins, elle dit à son fils: Présente-moi encore un vase. Mais il lui répondit: Il n'y a plus de vase. Et l'huile s'arrêta.

7 Elle alla le rapporter à l'homme de Dieu, et il dit: Va vendre l'huile, et paie ta dette; et tu vivras, toi et tes fils, de ce qui restera. 2 Rois 4

9 Naaman vint avec ses chevaux et son char, et il s'arrêta à la porte de la maison d'Élisée.

10 Élisée lui fit dire par un messager: Va, et lave-toi sept fois dans le Jourdain; ta chair deviendra saine, et tu seras pur.

11 Naaman fut irrité, et il s'en alla, en disant: Voici, je me disais: Il sortira vers moi, il se présentera lui-même, il invoquera le nom de l'Éternel, son Dieu, il agitera sa main sur la place et guérira le lépreux.

12 Les fleuves de Damas, l'Abana et le Parpar, ne valent-ils pas mieux que toutes les eaux d'Israël? Ne pourrais-je pas m'y laver et devenir pur? Et il s'en retournait et partait avec fureur.

13 Mais ses serviteurs s'approchèrent pour lui parler, et ils dirent: Mon père, si le prophète t'eût demandé quelque chose de difficile, ne l'aurais-tu pas fait? Combien plus dois-tu faire ce qu'il t'a dit: Lave-toi, et tu seras pur!

14 Il descendit alors et se plongea sept fois dans le Jourdain, selon la parole de l'homme de Dieu; et sa chair redevint comme la chair d'un jeune enfant, et il fut pur. 2 Roi 5

Alors Daniel dit à l'intendant à qui les chef des eunuques avait remis la surveillance de Daniel, de Hanania de Mischael et d'Azaria : Eprouve nous tes serviteurs pendant dix jours, et qu'on nous donne des légumes à manger et de l'eau à boire ; tu regarderas ensuite notre visage et celui des jeunes gens qui mangent les mets du roi et tu agiras avec tes serviteurs d'après ce que tu auras vu. Dan 1 ; 12-14

Schadrac, Meschac et Abed-Nego répliquèrent au roi Nebucadnetsar : Nous n'avons pas besoin de te répondre là-dessus. Voici, notre Dieu que nous servons peut nous délivrer de la fournaise ardente, et Il nous délivra de ta main, o roi. Sinon, sache, o roi, nous ne servirons pas, la statue d'or que tu as enlevée. Dan 3 : 17-18

Jésus dit au centenier : « Va, qu'il te soit fait selon ta foi. Et à l'heure même le serviteur fut guérie » Matt 8 ; 13

Jésus dit aux démons ; Allez, ils sortirent, et entrèrent dans les pourceaux. Matt 8 : 32

Jésus dit au paralytique : Prends courage mon enfant, tes péchés sont pardonnés……Lève toi, prends ton lit, et va dans ta maison. Matt 9 ; 2-8

Alors Jésus dit à l'homme : Etends ta main. Il l'étendit, et elle devient saine comme l'autre. Matt 12 ; 13

Et Jésus dit à Pierre : Viens, Pierre sortit de la barque, et marcha sur les eaux pour aller vers Jésus. Matt 14 ; 29

Alors Jésus dit à la femme Cananéenne : Femme ta foi est grande ; qu'il te soit fait comme tu veux : Et à l'heure même, sa fille fut guérie. Matt15 ; 28

Jésus parla sévèrement au démon, qui sortit de lui, et l'enfant fut guéri à l'heure même. Matt 17 ; 18

Jésus dit à Pierre : … Va à la mer, jette l'hameçon, et tire le premier poisson qui viendra ; ouvre-lui la bouche, et tu trouveras un statère. Prends – le, et donne-le-leur pour moi et pour toi. Matt 17 ; 27

Jésus dit au figuier : Que jamais fruit ne naisse de toi ! Et là l'instant le figuier sécha. Matt 21 ; 19

Jésus dit à la fille morte de Jairus : Talitha koumi, ce qui signifie : Jeune fille. Lève toi, je te le dis. Aussitôt la jeune fille se leva, et se mit à marcher ; car elle avait 12 ans. Marc 5 ; 41-42

Jésus dit au malade là la piscine de Bethesda : Lève toi, prends ton lit et marche. Aussitôt cet homme fut guéri ; il prit son lit, et marcha. Jean 5 ; 8-9

Pierre, de même, que Jean, fixa les yeux sur lui, et dit : Regarde-nous. Et il le regardait attentivement, s'attendant à recevoir d'eux quelque chose. Alors Pierre lui dit : Je n'ai ni argent, ni or, mais ce que j'ai, je te le donne : au nom de Jésus-Christ de Nazareth, lève toi et marche. Actes 3 : 4-6

Alors Pierre dit à la femme d'Ananias : Comment vous êtes vous accordé pour tenter L'Esprit du Seigneur ? Voici, ceux qui ont enseveli ton mari sont à la porte, et ils t'emporteront. Au même instant elle tomba aux pieds de l'apôtre, et expira. Actes 5 : 9-10

Pierre dit à Tabitha : Tabitha, lève toi ! Elle ouvrit les yeux, et ayant vu Pierre, elle s'assit. Il lui donna la main, et la fit lever. Actes 9 : 40-41

8 A Lystre, se tenait assis un homme impotent des pieds, boiteux de naissance, et qui n'avait jamais marché.

9 Il écoutait parler Paul. Et Paul, fixant les regards sur lui et voyant qu'il avait la foi pour être guéri,

10 dit d'une voix forte: Lève-toi droit sur tes pieds. Et il se leva d'un bond et marcha. Actes 14 : 8-10

La parole parlée de Jésus-Christ et les envoyés de L'Eternel produit toujours des miracles. C'est une vérité absolue. Un pasteur me rencontra à Kigali, et pendant qu'on parlait Il me dit qu'il a passé plusieurs années avec sa femme sans enfants, je lui dit d'aller offrir de l'aumône à son surintendant et il priera pour lui, à ma parole, le ventre de sa femme sera délivré de la stérilité, Kanyamaza obéit à mes instructions et tout se passa comme je l'avais dis.

Nous qui parlons au nom de Jésus nous devons avoir le courage et la foi de parler avec toute situation. Je fus à Kalemie, logé dans une chambre où des insectes nuisibles commençaient à me torturer la nuit, j'ai parlé avec cette dangereuse situation, en disant que tous les insectes qui sont dans ma chambre et dans toute la maison meurent, tous sont morts et je dormis dans le calme. Combien de fois j'ai parlé avec la pluie de s'arrêter et elle m'obéit. Plusieurs fois j'ai ordonne aux insectes de mourir quand ils me dérangeaient pendant la prière et cela fut exécuté.

Dieu n'est pas absent dans n'importe quel lieu, Il est omniprésent et Il veut que sa gloire soit arrivée par notre foi et notre témérité.

Uwezo Gilbert fut dans l'impossibilité de trouver le billet de transport pour Kinshasa –Bukavu, et il prit sa bible et frappa son lit avec l'ancienne veste de son pasteur en disant où est le Dieu de Raha Mugisho ? et Dieu lui ouvra les moyens d'acquérir le billet.

H. RESISTER L'ESPRIT DE DOUTE

Le doute est le contraire de la foi.

Dieu nous appelle à vivre dans la foi pendant que le diable fait tout pour que les doutes nous entourent. La bonne nouvelle est que la Bible déclare qu'en résistant le diable, il fuit. Donc tout enfant de Dieu doit résister Satan dans toutes ses séductions et il fuira loin de nous.

La foi est une ferme assurance des choses qu'on espère, une démonstration de celle qu'on ne voit pas. Heb 11 ; 1

Or sans la foi il est impossible de lui être agréable : car il faut que celui qui s'approche de Dieu croie que Dieu existe, et qu'Il est le rémunérateur de ceux qui le cherche, Heb 11 : 6

Ma foi contrôle mon amour, ma sainteté, mon adoration, mon onction et mes biens. Il est ma responsabilité de continuer de parler et lire les paroles de la foi. Les géants de la foi se partagent les témoignages de grandes oeuvres de Dieu. A travers ma foi je démontre la grandeur et la gloire de Dieu. Toute situation est passagère et temporaire, la parole de Dieu doit être considérée comme la vérité absolue. Satan présente toujours la peur et la honte. Il développe les peines et le doute en exposant les traditions de ce monde comme une réalité en créant une forteresse dans les pensées des gens pour les lier mentalement et physiquement.

La foi en Dieu est un devoir qui doit être fixé à Dieu seulement. Même si le résultat traine il faut l'attendre avec patience et détermination. Attendez toujours car Dieu ne peut jamais mentir. Dieu a approuvé la fois de plusieurs personnes depuis Abraham à Marie ; depuis Marie à Pierre, et depuis Pierre et Paul. Il ne peut jamais décevoir. Dieu n'est pas un homme pour échouer ou pour mentir. Je déclare avec témérité qu'Il se souviendra de moi malgré le temps et les saisons et malgré n'importe quelles circonstances. Ses voies sont incomparables et impensables. Je suis unique et spécial dans les yeux de Dieu et mes exploits ne sont faits que par la faveur de Dieu, je n'ai rien à me venter. Dieu connaît la profondeur de mon cœur, quand je crie, Il m'écoute et quand je me repente Il me pardonne et Il ne m'abandonne jamais dans les tentations. Je crois au lendemain car Il est vivant et Il prend soin de moi.

Nous pouvons vivre une vie surnaturelle avec Jésus. Pourquoi accepter seulement la voix du malin, notre ennemi et négliger la parole de Dieu ?

La vie surnaturelle doit commencer le matin quand nous nous réveillons et quand nous allons au lit, et quand nous confessons la parole de Dieu. Cette vie doit être confirmée quand nous parlons et comment nous adorons L'Eternel. Elle est aussi manifestée quand nous partageons la parole de Dieu et comment notre vie est inhérente à la prière. Elle est aussi caractérisée dans la manière où nous intervenons joyeusement pour les besoins de saints. Un homme qui vit dans le surnaturel combat contre les esprits diaboliques et pas contre les hommes ; cette lutte se fait par la résistance contre les démons au nom de Jésus. Nous ne devons pas avoir le temps de calomnier ou de maudire les autres. L'amour de Dieu fait qu'il soit un instrument de grâce et de la lutte divine.

Sachez bien que la mauvaise compagnie corrompt les bonnes moeurs.

Quoique la foi d'éléphant est en nous si nous passons la majorité de temps avec les incrédules sans leur apporter la bonne nouvelle, eux pourront nous impacter une mauvaise conception et charnelle dans notre vie.

Le bon choix du milieu et des personnes à fréquenter fera que nous gardons ou perdre la lumière de la vie.

Avaler les paroles de Jésus c'est accumuler l'effet du Saint Esprit et de la vie divine en nous en nous, parce que ses paroles sont esprits.

Jean 6 ; 63-64

C'est L'Esprit qui vivifie ; la chair ne sert de rien. Les paroles que je vous ai dites sont esprit et vie. Mais il en est parmi vous quelques-uns qui ne croient point.

Le fait d'être dans une assemblée chrétienne ou dans le ministère ne confirme pas la croyance aux œuvres de Dieu, mémé les frères de Jésus avaient montré une incroyance.

Jean 7 ; 5-7

Car ses frères non plus ne croyaient non plus en lui. Jésus leur dit ; mon temps n'est pas encore venu, mais votre temps est toujours prêt. Le monde ne peut vous haïr ; moi il me hait, parce que je rends témoignage que ses œuvres sont mauvaises.

Certains serviteurs veulent être aimés par le monde et ne présentent qu'une évangélisation sociale qui met tout le monde à l'aise ignorant la partie de l'alliance de Dieu avec L'homme.

Ceci est une façon de perdre les fidèles et de faire un suicide personnel. Tout ce que Dieu performe comme miracle et prodige servent à montrer la manifestation de Jésus qui est venu détruire les œuvres du diable.

Si notre évangile ne peut apporter les pécheurs à Jésus pour se repentir et aux autres de revenir à la lumière de la vie, nous perdons du temps et ce fait développe le travail de Satan, d'aimer le monde et vivre pour la convoitise humaine.

Réveille toi qui dors,
Relève toi d'entre les morts
Et Christ t'éclairera.
Eph.5 ; 14

Voici le résultat des doutes.

Murmures des Israelites dans le désert de Sin. Ex 16

16 Toute l'assemblée des enfants d'Israël partit d'Élim, et ils arrivèrent au désert de Sin, qui est entre Élim et Sinaï, le quinzième jour du second mois après leur sortie du pays d'Égypte.

2 Et toute l'assemblée des enfants d'Israël murmura dans le désert contre Moïse et Aaron.

3 Les enfants d'Israël leur dirent: Que ne sommes-nous morts par la main de l'Éternel dans le pays d'Égypte, quand nous étions assis près des pots de viande, quand nous mangions du pain à satiété? car vous nous avez menés dans ce désert pour faire mourir de faim toute cette multitude.

4 L'Éternel dit à Moïse: Voici, je ferai pleuvoir pour vous du pain, du haut des cieux. Le peuple sortira, et en ramassera, jour par jour, la quantité nécessaire, afin que je le mette à l'épreuve, et que je voie s'il marchera, ou non, selon ma loi.

Murmures à Rephidim. Le rocher d'Horeb Ex ; 17

17 Toute l'assemblée des enfants d'Israël partit du désert de Sin, selon les marches que l'Éternel leur avait ordonnées; et ils campèrent à Rephidim, où le peuple ne trouva point d'eau à boire.

2 Alors le peuple chercha querelle à Moïse. Ils dirent: Donnez-nous de l'eau à boire. Moïse leur répondit: Pourquoi me cherchez-vous querelle? Pourquoi tentez-vous l'Éternel?

3 Le peuple était là, pressé par la soif, et murmurait contre Moïse. Il disait: Pourquoi nous as-tu fait monter hors d'Égypte, pour me faire mourir de soif avec mes enfants et mes troupeaux?

4 Moïse cria à l'Éternel, en disant: Que ferai-je à ce peuple? Encore un peu, et ils me lapideront.

5 L'Éternel dit à Moïse: Passe devant le peuple, et prends avec toi des anciens d'Israël; prends aussi dans ta main ta verge avec laquelle tu as frappé le fleuve, et marche!

6 Voici, je me tiendrai devant toi sur le rocher d'Horeb; tu frapperas le rocher, et il en sortira de l'eau, et le peuple boira. Et Moïse fit ainsi, aux yeux des anciens d'Israël.

7 Il donna à ce lieu le nom de Massa et Meriba, parce que les enfants d'Israël avaient contesté, et parce qu'ils avaient tenté l'Éternel, en disant: L'Éternel est-il au milieu de nous, ou n'y est-il pas?

8 Amalek vint combattre Israël à Rephidim.

Le veau d'or. Ex 32

32 Le peuple, voyant que Moïse tardait à descendre de la montagne, s'assembla autour d'Aaron, et lui dit: Allons! fais-nous un dieu qui marche devant nous, car ce Moïse, cet homme qui nous a fait sortir du pays d'Égypte, nous ne savons ce qu'il est devenu.

2 Aaron leur dit: Otez les anneaux d'or qui sont aux oreilles de vos femmes, de vos fils et de vos filles, et apportez-les-moi.

3 Et tous ôtèrent les anneaux d'or qui étaient à leurs oreilles, et ils les apportèrent à Aaron.

4 Il les reçut de leurs mains, jeta l'or dans un moule, et fit un veau en fonte. Et ils dirent: Israël! voici ton dieu, qui t'a fait sortir du pays d'Égypte.

Deux fils d'Aaron consumés par le feu de L'Eternel. LEV ; 10

10 Les fils d'Aaron, Nadab et Abihu, prirent chacun un brasier, y mirent du feu, et posèrent du parfum dessus; ils apportèrent devant l'Éternel du feu étranger, ce qu'il ne leur avait point ordonné.

2 Alors le feu sortit de devant l'Éternel, et les consuma: ils moururent devant l'Éternel.

3 Moïse dit à Aaron: C'est ce que l'Éternel a déclaré, lorsqu'il a dit: Je serai sanctifié par ceux qui s'approchent de moi, et je serai glorifié en présence de tout le peuple. Aaron garda le silence.

4 Et Moïse appela Mischaël et Eltsaphan, fils d'Uziel, oncle d'Aaron, et il leur dit: Approchez-vous, emportez vos frères loin du sanctuaire, hors du camp.

5 Ils s'approchèrent, et ils les emportèrent dans leurs tuniques hors du camp, comme Moïse l'avait dit.

Le feu de l'Eternel. Nombres 11

11 Le peuple murmura et cela déplut aux oreilles l'Éternel. Lorsque l'Éternel l'entendit, sa colère s'enflamma; le feu de l'Éternel s'alluma parmi eux, et dévora l'extrémité du camp.

2 Le peuple cria à Moïse. Moïse pria l'Éternel, et le feu s'arrêta.

3 On donna à ce lieu le nom de Tabeéra, parce que le feu de l'Éternel s'était allumé parmi eux.

4 Le ramassis de gens qui se trouvaient au milieu d'Israël fut saisi de convoitise; et même les enfants d'Israël recommencèrent à pleurer et dirent: Qui nous donnera de la viande à manger?

31 L'Éternel fit souffler de la mer un vent, qui amena des cailles, et les répandit sur le camp, environ une journée de chemin d'un côté et environ une journée de chemin de l'autre côté, autour du camp. Il y en avait près de deux coudées au-dessus de la surface de la terre.

32 Pendant tout ce jour et toute la nuit, et pendant toute la journée du lendemain, le peuple se leva et ramassa les cailles; celui qui en avait ramassé le moins en avait dix homers. Ils les étendirent pour eux autour du camp.

33 Comme la chair était encore entre leurs dents sans être mâchée, la colère de l'Éternel s'enflamma contre le peuple, et l'Éternel frappa le peuple d'une très grande plaie.

Murmure de Marie et Aaron. Nombres 12

12 Marie et Aaron parlèrent contre Moïse au sujet de la femme éthiopienne qu'il avait prise, car il avait pris une femme éthiopienne.

2 Ils dirent: Est-ce seulement par Moïse que l'Éternel parle? N'est-ce pas aussi par nous qu'il parle?

3 Et l'Éternel l'entendit. Or, Moïse était un homme fort patient, plus qu'aucun homme sur la face de la terre.

4 Soudain l'Éternel dit à Moïse, à Aaron et à Marie: Allez, vous trois, à la tente d'assignation. Et ils y allèrent tous les trois.

5 L'Éternel descendit dans la colonne de nuée, et il se tint à l'entrée de la tente. Il appela Aaron et Marie, qui s'avancèrent tous les deux.

6 Et il dit: Écoutez bien mes paroles! Lorsqu'il y aura parmi vous un prophète, c'est dans une vision que moi, l'Éternel, je me révélerai à lui, c'est dans un songe que je lui parlerai.

7 Il n'en est pas ainsi de mon serviteur Moïse. Il est fidèle dans toute ma maison.

8 Je lui parle bouche à bouche, je me révèle à lui sans énigmes, et il voit une représentation de l'Éternel. Pourquoi donc n'avez-vous pas craint de parler contre mon serviteur, contre Moïse?

9 La colère de l'Éternel s'enflamma contre eux. Et il s'en alla.

10 La nuée se retira de dessus la tente. Et voici, Marie était frappée d'une lèpre, blanche comme la neige. Aaron se tourna vers Marie; et voici, elle avait la lèpre.

Murmures après le rapport des espions. Nombres 14

14 Toute l'assemblée éleva la voix et poussa des cris, et le peuple pleura pendant la nuit.

2 Tous les enfants d'Israël murmurèrent contre Moïse et Aaron, et toute l'assemblée leur dit: Que ne sommes-nous morts dans le pays d'Égypte, ou que ne sommes-nous morts dans ce désert!

3 Pourquoi l'Éternel nous fait-il aller dans ce pays, où nous tomberons par l'épée, où nos femmes et nos petits enfants deviendront une proie? Ne vaut-il pas mieux pour nous retourner en Égypte?

4 Et ils se dirent l'un à l'autre: Nommons un chef, et retournons en Égypte.

5 Moïse et Aaron tombèrent sur leur visage, en présence de toute l'assemblée réunie des enfants d'Israël.

6 Et, parmi ceux qui avaient exploré le pays, Josué, fils de Nun, et Caleb, fils de Jephunné, déchirèrent leurs vêtements,

7 et parlèrent ainsi à toute l'assemblée des enfants d'Israël: Le pays que nous avons parcouru, pour l'explorer, est un pays très bon, excellent.

8 Si l'Éternel nous est favorable, il nous mènera dans ce pays, et nous le donnera: c'est un pays où coulent le lait et le miel.

9 Seulement, ne soyez point rebelles contre l'Éternel, et ne craignez point les gens de ce pays, car ils nous serviront de pâture, ils n'ont plus d'ombrage pour les couvrir, l'Éternel est avec nous, ne les craignez point!

10 Toute l'assemblée parlait de les lapider, lorsque la gloire de l'Éternel apparut sur la tente d'assignation, devant tous les enfants d'Israël.

11 Et l'Éternel dit à Moïse: Jusqu'à quand ce peuple me méprisera-t-il? Jusqu'à quand ne croira-t-il pas en moi, malgré tous les prodiges que j'ai faits au milieu de lui?

Révolte de Koré, Dathan et Abiram. Nombres 16

16 Koré, fils de Jitsehar, fils de Kehath, fils de Lévi, se révolta avec Dathan et Abiram, fils d'Éliab, et On, fils de Péleth, tous trois fils de Ruben.

2 Ils se soulevèrent contre Moïse, avec deux cent cinquante hommes des enfants d'Israël, des principaux de l'assemblée, de ceux que l'on convoquait à l'assemblée, et qui étaient des gens de renom.

3 Ils s'assemblèrent contre Moïse et Aaron, et leur dirent: C'en est assez! car toute l'assemblée, tous sont saints, et l'Éternel est au milieu d'eux. Pourquoi vous élevez-vous au-dessus de l'assemblée de l'Éternel?

4 Quand Moïse eut entendu cela, il tomba sur son visage.

5 Il parla à Koré et à toute sa troupe, en disant: Demain, l'Éternel fera connaître qui est à lui et qui est saint, et il le fera approcher de lui; il fera approcher de lui celui qu'il choisira.

6 Faites ceci. Prenez des brasiers, Koré et toute sa troupe.

7 Demain, mettez-y du feu, et posez-y du parfum devant l'Éternel; celui que l'Éternel choisira, c'est celui-là qui sera saint. C'en est assez, enfants de Lévi!

8 Moïse dit à Koré: Écoutez donc, enfants de Lévi:

9 Est-ce trop peu pour vous que le Dieu d'Israël vous ait choisis dans l'assemblée d'Israël, en vous faisant approcher de lui, afin que vous soyez employés au service du tabernacle de l'Éternel, et que vous vous présentiez devant l'assemblée pour la servir?

10 Il vous a fait approcher de lui, toi, et tous tes frères, les enfants de Lévi, et vous voulez encore le sacerdoce!

11 C'est à cause de cela que toi et toute ta troupe, vous vous assemblez contre l'Éternel! car qui est Aaron, pour que vous murmuriez contre lui?

12 Moïse envoya appeler Dathan et Abiram, fils d'Éliab. Mais ils dirent: Nous ne monterons pas.

13 N'est-ce pas assez que tu nous aies fait sortir d'un pays où coulent le lait et le miel pour nous faire mourir au désert, sans que tu continues à dominer sur nous?

14 Et ce n'est pas dans un pays où coulent le lait et le miel que tu nous as menés, ce ne sont pas des champs et des vignes que tu nous as donnés en possession. Penses-tu crever les yeux de ces gens? Nous ne monterons pas.

15 Moïse fut très irrité, et il dit à l'Éternel: N'aie point égard à leur offrande. Je ne leur ai pas même pris un âne, et je n'ai fait de mal à aucun d'eux.

16 Moïse dit à Koré: Toi et toute ta troupe, trouvez-vous demain devant l'Éternel, toi et eux, avec Aaron.

17 Prenez chacun votre brasier, mettez-y du parfum, et présentez devant l'Éternel chacun votre brasier: il y aura deux cent cinquante brasiers; toi et Aaron, vous prendrez aussi chacun votre brasier.

18 Ils prirent chacun leur brasier, y mirent du feu et y posèrent du parfum, et ils se tinrent à l'entrée de la tente d'assignation, avec Moïse et Aaron.

19 Et Koré convoqua toute l'assemblée contre Moïse et Aaron, à l'entrée de la tente d'assignation. Alors la gloire de l'Éternel apparut à toute l'assemblée.

20 Et l'Éternel parla à Moïse et à Aaron, et dit:

21 Séparez-vous du milieu de cette assemblée, et je les consumerai en un seul instant.

22 Ils tombèrent sur leur visage, et dirent: O Dieu, Dieu des esprits de toute chair! un seul homme a péché, et tu t'irriterais contre toute l'assemblée?

23 L'Éternel parla à Moïse, et dit:

24 Parle à l'assemblée, et dis: Retirez-vous de toutes parts loin de la demeure de Koré, de Dathan et d'Abiram.

25 Moïse se leva, et alla vers Dathan et Abiram; et les anciens d'Israël le suivirent.

26 Il parla à l'assemblée, et dit: Éloignez-vous des tentes de ces méchants hommes, et ne touchez à rien de ce qui leur appartient, de peur que vous ne périssiez en même temps qu'ils seront punis pour tous leurs péchés.

27 Ils se retirèrent de toutes parts loin de la demeure de Koré, de Dathan et d'Abiram. Dathan et Abiram sortirent, et se tinrent à l'entrée de leurs tentes, avec leurs femmes, leurs fils et leurs petits-enfants.

28 Moïse dit: A ceci vous connaîtrez que l'Éternel m'a envoyé pour faire toutes ces choses, et que je n'agis pas de moi-même.

29 Si ces gens meurent comme tous les hommes meurent, s'ils subissent le sort commun à tous les hommes, ce n'est pas l'Éternel qui m'a envoyé;

30 mais si l'Éternel fait une chose inouïe, si la terre ouvre sa bouche pour les engloutir avec tout ce qui leur appartient, et qu'ils descendent vivants dans le séjour des morts, vous saurez alors que ces gens ont méprisé l'Éternel.

31 Comme il achevait de prononcer toutes ces paroles, la terre qui était sous eux se fendit.

32 La terre ouvrit sa bouche, et les engloutit, eux et leurs maisons, avec tous les gens de Koré et tous leurs biens.

33 Ils descendirent vivants dans le séjour des morts, eux et tout ce qui leur appartenait; la terre les recouvrit, et ils disparurent au milieu de l'assemblée.

34 Tout Israël, qui était autour d'eux, s'enfuit à leur cri; car ils disaient: Fuyons, de peur que la terre ne nous engloutisse!

35 Un feu sortit d'auprès de l'Éternel, et consuma les deux cent cinquante hommes qui offraient le parfum.

36 L'Éternel parla à Moïse, et dit:

37 Dis à Éléazar, fils du sacrificateur Aaron, de retirer de l'incendie les brasiers et d'en répandre au loin le feu, car ils sont sanctifiés.

38 Avec les brasiers de ces gens qui ont péché au péril de leur vie, que l'on fasse des lames étendues dont on couvrira l'autel. Puisqu'ils ont été présentés devant l'Éternel et qu'ils sont sanctifiés, ils serviront de souvenir aux enfants d'Israël.

39 Le sacrificateur Éléazar prit les brasiers d'airain qu'avaient présentés les victimes de l'incendie, et il en fit des lames pour couvrir l'autel.

40 C'est un souvenir pour les enfants d'Israël, afin qu'aucun étranger à la race d'Aaron ne s'approche pour offrir du parfum devant l'Éternel et ne soit comme Koré et comme sa troupe, selon ce que l'Éternel avait déclaré par Moïse.

41 Dès le lendemain, toute l'assemblée des enfants d'Israël murmura contre Moïse et Aaron, en disant: Vous avez fait mourir le peuple de l'Éternel.

42 Comme l'assemblée se formait contre Moïse et Aaron, et comme ils tournaient les regards vers la tente d'assignation, voici, la nuée la couvrit, et la gloire de l'Éternel apparut.

43 Moïse et Aaron arrivèrent devant la tente d'assignation.

44 Et l'Éternel parla à Moïse, et dit:

45 Retirez-vous du milieu de cette assemblée, et je les consumerai en un instant. Ils tombèrent sur leur visage;

46 et Moïse dit à Aaron: Prends le brasier, mets-y du feu de dessus l'autel, pose-y du parfum, va promptement vers l'assemblée, et fais pour eux l'expiation; car la colère de l'Éternel a éclaté, la plaie a commencé.

47 Aaron prit le brasier, comme Moïse avait dit, et courut au milieu de l'assemblée; et voici, la plaie avait commencé parmi le peuple. Il offrit le parfum, et il fit l'expiation pour le peuple.

48 Il se plaça entre les morts et les vivants, et la plaie fut arrêtée.

49 Il y eut quatorze mille sept cents personnes qui moururent de cette plaie, outre ceux qui étaient morts à cause de Koré.

Les eaux de Meriba. Punition de Moise. Nombre 20

20 Toute l'assemblée des enfants d'Israël arriva dans le désert de Tsin le premier mois, et le peuple s'arrêta à Kadès. C'est là que mourut Marie, et qu'elle fut enterrée.

2 Il n'y avait point d'eau pour l'assemblée; et l'on se souleva contre Moïse et Aaron.

3 Le peuple chercha querelle à Moïse. Ils dirent: Que n'avons-nous expiré, quand nos frères expirèrent devant l'Éternel?

4 Pourquoi avez-vous fait venir l'assemblée de l'Éternel dans ce désert, pour que nous y mourions, nous et notre bétail?

5 Pourquoi nous avez-vous fait monter hors d'Égypte, pour nous amener dans ce méchant lieu? Ce n'est pas un lieu où l'on puisse semer, et il n'y a ni figuier, ni vigne, ni grenadier, ni d'eau à boire.

6 Moïse et Aaron s'éloignèrent de l'assemblée pour aller à l'entrée de la tente d'assignation. Ils tombèrent sur leur visage; et la gloire de l'Éternel leur apparut.

7 L'Éternel parla à Moïse, et dit:

8 Prends la verge, et convoque l'assemblée, toi et ton frère Aaron. Vous parlerez en leur présence au rocher, et il donnera ses eaux; tu feras sortir pour eux de l'eau du rocher, et tu abreuveras l'assemblée et leur bétail.

9 Moïse prit la verge qui était devant l'Éternel, comme l'Éternel le lui avait ordonné.

10 Moïse et Aaron convoquèrent l'assemblée en face du rocher. Et Moïse leur dit: Écoutez donc, rebelles! Est-ce de ce rocher que nous vous ferons sortir de l'eau?

11 Puis Moïse leva la main et frappa deux fois le rocher avec sa verge. Il sortit de l'eau en abondance. L'assemblée but, et le bétail aussi.

12 Alors l'Éternel dit à Moïse et à Aaron: Parce que vous n'avez pas cru en moi, pour me sanctifier aux yeux des enfants d'Israël, vous ne ferez point entrer cette assemblée dans le pays que je lui donne.

13 Ce sont les eaux de Meriba, où les enfants d'Israël contestèrent avec l'Éternel, qui fut sanctifié en eux.

Les serpents brulants. Nombres 21

21 Le roi d'Arad, Cananéen, qui habitait le midi, apprit qu'Israël venait par le chemin d'Atharim. Il combattit Israël, et emmena des prisonniers.

2 Alors Israël fit un voeu à l'Éternel, et dit: Si tu livres ce peuple entre mes mains, je dévouerai ses villes par interdit.

3 L'Éternel entendit la voix d'Israël, et livra les Cananéens. On les dévoua par interdit, eux et leurs villes; et l'on nomma ce lieu Horma.

4 Ils partirent de la montagne de Hor par le chemin de la mer Rouge, pour contourner le pays d'Édom. Le peuple s'impatienta en route,

5 et parla contre Dieu et contre Moïse: Pourquoi nous avez-vous fait monter hors d'Égypte, pour que nous mourions dans le désert? car il n'y a point de pain, et il n'y a point d'eau, et notre âme est dégoûtée de cette misérable nourriture.

6 Alors l'Éternel envoya contre le peuple des serpents brûlants; ils mordirent le peuple, et il mourut beaucoup de gens en Israël.

7 Le peuple vint à Moïse, et dit: Nous avons péché, car nous avons parlé contre l'Éternel et contre toi. Prie l'Éternel, afin qu'il éloigne de nous ces serpents. Moïse pria pour le peuple.

8 L'Éternel dit à Moïse: Fais-toi un serpent brûlant, et place-le sur une perche; quiconque aura été mordu, et le regardera, conservera la vie.

9 Moïse fit un serpent d'airain, et le plaça sur une perche; et quiconque avait été mordu par un serpent, et regardait le serpent d'airain, conservait la vie.

Idolâtrie dans les plaines de Moab. Nombres 25

25 Israël demeurait à Sittim; et le peuple commença à se livrer à la débauche avec les filles de Moab.

2 Elles invitèrent le peuple aux sacrifices de leurs dieux; et le peuple mangea, et se prosterna devant leurs dieux.

3 Israël s'attacha à Baal Peor, et la colère de l'Éternel s'enflamma contre Israël.

4 L'Éternel dit à Moïse: Assemble tous les chefs du peuple, et fais pendre les coupables devant l'Éternel en face du soleil, afin que la colère ardente de l'Éternel se détourne d'Israël.

5 Moïse dit aux juges d'Israël: Que chacun de vous tue ceux de ses gens qui se sont attachés à Baal Peor.

6 Et voici, un homme des enfants d'Israël vint et amena vers ses frères une Madianite, sous les yeux de Moïse et sous les yeux de toute l'assemblée des enfants d'Israël, tandis qu'ils pleuraient à l'entrée de la tente d'assignation.

7 A cette vue, Phinées, fils d'Éléazar, fils du sacrificateur Aaron, se leva du milieu de l'assemblée, et prit une lance, dans sa main.

8 Il suivit l'homme d'Israël dans sa tente, et il les perça tous les deux, l'homme d'Israël, puis la femme, par le bas-ventre. Et la plaie s'arrêta parmi les enfants d'Israël.

9 Il y en eut vingt-quatre mille qui moururent de la plaie.

10 L'Éternel parla à Moïse, et dit:

11 Phinées, fils d'Éléazar, fils du sacrificateur Aaron, a détourné ma fureur de dessus les enfants d'Israël, parce qu'il a été animé de mon zèle au milieu d'eux; et je n'ai point, dans ma colère, consumé les enfants d'Israël.

12 C'est pourquoi tu diras que je traite avec lui une alliance de paix.

13 Ce sera pour lui et pour sa postérité après lui l'alliance d'un sacerdoce perpétuel, parce qu'il a été zélé pour son Dieu, et qu'il a fait l'expiation pour les enfants d'Israël.

Les doutes faits aux paroles de Dieu ne font que produire son mécontentement.

Les doutes montrent que Dieu ne dit pas la vérité alors qu'il ne peut en aucun cas mentir.

Tout qui se révolte contre l'ordre de Dieu attire sa colère et sera détruit.

Accepter la volonté de Dieu est un moyen facile d'accéder aux bénédictions de Dieu.

Pourquoi se révolter au propriétaire de ses biens alors qu'il détient toute la puissance et le droit.

Les doutes n'amènent que l'autodestruction et l'inefficacité de tout ce que l'homme entreprend.

I : ETRE HOMME ET FEMME DE PRIERE

Prier n'est pas une accusation.
Prier n'est pas une compétition.
Prier n'est pas s'insulter et se donner de mauvais qualificatifs.
Prier n'est pas une récitation.
Prier n'est pas un mouvement religieux.
Prier n'est pas se faire une spécialité.
Prier n'est pas saluer une honorable personnalité.
Prier n'est pas s'indigner ou se faire souffrir.
Prier n'est pas se faire une divinité.
Prier n'est pas pleurer.

Prier c'est parler avec Dieu dans le nom de Jésus.
Prier c'est présenter nos requêtes à Dieu dans le nom de Jésus.
La prière est composée de celle d'adoration, louange, Pétition et d'intercession, et aussi de dédication.

Dans tout acte de prière sans la foi est comme un bavardage.
La bible nous montre une condition sine qua non dans la prière dans Marc 11 ; 23-26

Jésus prit la parole et leur dit ; Ayez foi en Dieu.

Je vous le dis en vérité, si quelqu'un dit à cette montagne : Ote toi de là et jette toi dans la mer, et s'il ne doute pas en son cœur, et croit que ce qu'il dit arrive, il le verra s'accomplir. C'est pourquoi je vous dis : Tout ce que vous demanderez en priant, croyez que vous l'avez reçu, et vous le verrez s'accomplir. Et , lorsque vous êtes debout faisant votre prière, si vous avez quelque chose contre quelqu'un, pardonnez, afin que votre Père qui est dans les cieux vous pardonne aussi vos offenses. Mais si vous ne pardonnez pas, votre Père qui est dans les cieux ne vous pardonnera pas non plus vos offenses.

Lorsque notre cœur est rempli de la parole de Dieu et notre intelligence renouvelée, l'automatisme se fait dans la prière. Et ces prières sont efficaces.

Notre vie doit être une louange devant notre créateur et nos bouches doivent être remplies d'adoration. Les haines et toute tristesse ne sont que des handicaps à l'efficacité de prière. Pardonner et se pardonner et demander pardon nous mettent dans une position avantageuse pour l'exhaussement de nos prières.

Jacques 5 ; 12- 20

12 Avant toutes choses, mes frères, ne jurez ni par le ciel, ni par la terre, ni par aucun autre serment. Mais que votre oui soit oui, et que votre non soit non, afin que vous ne tombiez pas sous le jugement.

13 Quelqu'un parmi vous est-il dans la souffrance? Qu'il prie. Quelqu'un est-il dans la joie? Qu'il chante des cantiques.

14 Quelqu'un parmi vous est-il malade? Qu'il appelle les anciens de l'Église, et que les anciens prient pour lui, en l'oignant d'huile au nom du Seigneur;

15 la prière de la foi sauvera le malade, et le Seigneur le relèvera; et s'il a commis des péchés, il lui sera pardonné.

16 Confessez donc vos péchés les uns aux autres, et priez les uns pour les autres, afin que vous soyez guéris. La prière fervente du juste a une grande efficace.

17 Élie était un homme de la même nature que nous: il pria avec instance pour qu'il ne plût point, et il ne tomba point de pluie sur la terre pendant trois ans et six mois.

18 Puis il pria de nouveau, et le ciel donna de la pluie, et la terre produisit son fruit.

19 Mes frères, si quelqu'un parmi vous s'est égaré loin de la vérité, et qu'un autre l'y ramène,

20 qu'il sache que celui qui ramènera un pécheur de la voie où il s'était égaré sauvera une âme de la mort et couvrira une multitude de péchés.

Etre une femme et un homme de prière ne signifie pas, adhérer dans une chambre de prière. Effectivement c'est un acte de consécration à Dieu et à tout moment l'individu focalise ses pensées à Dieu et s'adresse sans hésitation à Dieu dans le beau et le mauvais moment. C'est prendre Dieu comme un unique rempart et l'aide inconditionnelle à toute situation.

Dans cette action, nous reconnaissons Dieu et son intervention immédiate à toutes éventualités.

Voici les réactions de ces trois hébreux :

Tous ceux qui ont prié dans la bible avec foi ont vu la main de Dieu dans leur vie.

La prière efficace ne peut jamais échoué parce qu'il nous aime et nous encourage à prier ; Jésus leur adressa une parabole, pour montrer qu'il faut toujours prier, et ne point se relâcher. … Et Dieu ne fera- t-il pas justice à ses élus, qui crient en lui jour et nuit, et tardera –t-il à leur égard ? Je vous le dis, il leur fera promptement justice. Mais quand le fils de l'homme viendra, trouvera-t-il la foi sur la terre ? Luc 18 ; 1, 7-8

Nous vivons dans une période où l'homme a beaucoup d'excuses qui lui rendent très rétrograde, et on donne une place secondaire à Dieu. L'homme se souvient de Dieu uniquement quand il est dépassé par des problèmes. Ceci est une mauvaise conception sur Dieu et sur son intervention. Les plaisirs du monde font qu'on enlève Dieu progressivement dans le cœur et dans la conscience, raison de plus pour être dupé par les marabouts et les voyants. Dieu a toutes les solutions aux problèmes qui peuvent nous arriver mais il faut lui donner une première place dans nos vies. Avoir constamment Dieu dans notre raisonnement et dans notre langage nous produira des miracles sans cesse dans nos vies.

Esther devant un danger imminent pour son oncle et pour Israël, elle n'a pas songé là sa situation royale pour le salut mais elle est allée directement à Dieu pour trouver de l'aide et le réconfort. Esther 4 ; 14-17, 7 ; 8-10

13 Mardochée fit répondre à Esther: Ne t'imagine pas que tu échapperas seule d'entre tous les Juifs, parce que tu es dans la maison du roi;

14 car, si tu te tais maintenant, le secours et la délivrance surgiront d'autre part pour les Juifs, et toi et la maison de ton père vous périrez. Et qui sait si ce n'est pas pour un temps comme celui-ci que tu es parvenue à la royauté?

15 Esther envoya dire à Mardochée:

16 Va, rassemble tous les Juifs qui se trouvent à Suse, et jeûnez pour moi, sans manger ni boire pendant trois jours, ni la nuit ni le jour. Moi aussi, je jeûnerai de même avec mes servantes, puis j'entrerai chez le roi, malgré la loi; et si je dois périr, je périrai.

17 Mardochée s'en alla, et fit tout ce qu'Esther lui avait ordonné.

5 Le roi Assuérus prit la parole et dit à la reine Esther: Qui est-il et où est-il celui qui se propose d'agir ainsi?

6 Esther répondit: L'oppresseur, l'ennemi, c'est Haman, ce méchant-là! Haman fut saisi de terreur en présence du roi et de la reine.

7 Et le roi, dans sa colère, se leva et quitta le festin, pour aller dans le jardin du palais. Haman resta pour demander grâce de la vie à la reine Esther, car il voyait bien que sa perte était arrêtée dans l'esprit du roi.

8 Lorsque le roi revint du jardin du palais dans la salle du festin, il vit Haman qui s'était précipité vers le lit sur lequel était Esther, et il dit: Serait-ce encore pour faire violence à la reine, chez moi, dans le palais? Dès que cette parole fut sortie de la bouche du roi, on voila le visage d'Haman.

9 Et Harbona, l'un des eunuques, dit en présence du roi: Voici, le bois préparé par Haman pour Mardochée, qui a parlé pour le bien du roi, est dressé dans la maison d'Haman, à une hauteur de cinquante coudées. Le roi dit: Qu'on y pende Haman!

10 Et l'on pendit Haman au bois qu'il avait préparé pour Mardochée. Et la colère du roi s'apaisa.

Dieu a toujours le dernier mot dans tout ce que nous avons, que ce soit dans le cœur ou dans l'esprit.

Dépendre de lui totalement est un grand bénéfique et incomparable.

Ceci est la raison de faire sa vie une vie de prière et ceci dans toutes les circonstances.

Je n'ai pas une formule ou un moment précis de prière.

Cela se fait quand je suis au lit, quand je conduis, quant je suis dans tous les endroits. Il m'est facile de m'arrêter quelque part poussé par l'esprit de prière et commencer sans loi ni formalité. De fois, étant dans la foule mon cœur prie et de temps à temps je vois les larmes de joie couler sur mes joues.

Les femmes et hommes de prière font la différence. Ils ne sont pas là pour faire leur publicité mais ils exposent Jésus-Christ pour toucher et transformer les situations.

Dans un parc en Belgique, pendant que tous faisaient d'après leurs sentiments, l'Esprit de Dieu m'interpellant pour prier, je fis de longs moments non pour admirer les jeux ou les hommes mais de verser mon cœur devant Dieu. Dans beaucoup de lieux je me retrouve que mon cœur est entrain de louer, d'adorer et quelque fois d'intercéder. Tout ceci nous met dans un autre monde qui est dirigé par le Roi de rois qui n'est personne d'autre mais Jésus-Christ.

Pourquoi passer plus de cinq heures à la télévision et le trouver normal au lieu d'avoir un moment destiné pour la communication avec Le Seigneur.

Pourquoi avoir à tout moment l'œil sur le téléphone communiquant avec le monde vingt quatre heures sur vingt quatre bien que Dieu a quelque chose précieuse pour vous bénir; Devenir un esclave du téléphone est un piège tendu par le diable partout.

Pourquoi consacrer toutes les heures aux jeux et manquer le temps de lire la bible ou entendre un message de la parole de Dieu. Je m'adresse aux serviteurs de Dieu qui normalement sont mis à part pour servir L'Eternel. Ils n'ont plus le temps d'écouter ce que Dieu veut leur parler pour leur vie et pour les âmes assoiffées. Tout ceci est l'ignorance et la repentance est nécessaire ensuite abandonner cette mauvaise habitude et charnelle.

Appel a la prière

2Chroniques. 7 ; 12-18

11 Lorsque Salomon eut achevé la maison de l'Éternel et la maison du roi, et qu'il eut réussi dans tout ce qu'il s'était proposé de faire dans la maison de l'Éternel et dans la maison du roi,

12 l'Éternel apparut à Salomon pendant la nuit, et lui dit: J'exauce ta prière, et je choisis ce lieu comme la maison où l'on devra m'offrir des sacrifices.

13 Quand je fermerai le ciel et qu'il n'y aura point de pluie, quand j'ordonnerai aux sauterelles de consumer le pays, quand j'enverrai la peste parmi mon peuple;

14 si mon peuple sur qui est invoqué mon nom s'humilie, prie, et cherche ma face, et s'il se détourne de ses mauvaises voies, -je l'exaucerai des cieux, je lui pardonnerai son péché, et je guérirai son pays.

15 Mes yeux seront ouverts désormais, et mes oreilles seront attentives à la prière faite en ce lieu.

Notre Seigneur n'a jamais enseigné ses disciples de prier au nom du Père et du Fils et du St Esprit, c'est faux, cette instruction fut donnée pour baptiser. Matthieu

28 ; 19-20

19 Allez, faites de toutes les nations des disciples, les baptisant au nom du Père, du Fils et du Saint Esprit,

20 et enseignez-leur à observer tout ce que je vous ai prescrit. Et voici, je suis avec vous tous les jours, jusqu'à la fin du monde.

Voici les enseignements de Jésus-Christ pour prier.

Jean 16 ; 23-24, 28

23 En ce jour-là, vous ne m'interrogerez plus sur rien. En vérité, en vérité, je vous le dis, ce que vous demanderez au Père, il vous le donnera en mon nom.

24 Jusqu'à présent vous n'avez rien demandé en mon nom. Demandez, et vous recevrez, afin que votre joie soit parfaite.

25 Je vous ai dit ces choses en paraboles. L'heure vient où je ne vous parlerai plus en paraboles, mais où je vous parlerai ouvertement du Père.

26 En ce jour, vous demanderez en mon nom, et je ne vous dis pas que je prierai le Père pour vous;

L'instruction chrétienne de prière donnée aux disciples. Matt. 6 ; 7- 18

7 En priant, ne multipliez pas de vaines paroles, comme les païens, qui s'imaginent qu'à force de paroles ils seront exaucés.

8 Ne leur ressemblez pas; car votre Père sait de quoi vous avez besoin, avant que vous le lui demandiez.

9 Voici donc comment vous devez prier: Notre Père qui es aux cieux! Que ton nom soit sanctifié;

10 que ton règne vienne; que ta volonté soit faite sur la terre comme au ciel.

11 Donne-nous aujourd'hui notre pain quotidien;

12 pardonne-nous nos offenses, comme nous aussi nous pardonnons à ceux qui nous ont offensés;

13 ne nous induis pas en tentation, mais délivre-nous du malin. Car c'est à toi qu'appartiennent, dans tous les siècles, le règne, la puissance et la gloire. Amen!

14 Si vous pardonnez aux hommes leurs offenses, votre Père céleste vous pardonnera aussi;

15 mais si vous ne pardonnez pas aux hommes, votre Père ne vous pardonnera pas non plus vos offenses.

16 Lorsque vous jeûnez, ne prenez pas un air triste, comme les hypocrites, qui se rendent le visage tout défait, pour montrer aux hommes qu'ils jeûnent. Je vous le dis en vérité, ils reçoivent leur récompense.

17 Mais quand tu jeûnes, parfume ta tête et lave ton visage,

18 afin de ne pas montrer aux hommes que tu jeûnes, mais à ton Père qui est là dans le lieu secret; et ton Père, qui voit dans le secret, te le rendra.

19 Ne vous amassez pas des trésors sur la terre, où la teigne et la rouille détruisent, et où les voleurs percent et dérobent;

20 mais amassez-vous des trésors dans le ciel, où la teigne et la rouille ne détruisent point, et où les voleurs ne percent ni ne dérobent.

21 Car là où est ton trésor, là aussi sera ton coeur.

22 L'oeil est la lampe du corps. Si ton oeil est en bon état, tout ton corps sera éclairé;

23 mais si ton oeil est en mauvais état, tout ton corps sera dans les ténèbres. Si donc la lumière qui est en toi est ténèbres, combien seront grandes ces ténèbres!

24 Nul ne peut servir deux maîtres. Car, ou il haïra l'un, et aimera l'autre; ou il s'attachera à l'un, et méprisera l'autre. Vous ne pouvez servir Dieu et Mamon.

25 C'est pourquoi je vous dis: Ne vous inquiétez pas pour votre vie de ce que vous mangerez, ni pour votre corps, de quoi vous serez vêtus. La vie n'est-elle pas plus que la nourriture, et le corps plus que le vêtement?

26 Regardez les oiseaux du ciel: ils ne sèment ni ne moissonnent, et ils n'amassent rien dans des greniers; et votre Père céleste les nourrit. Ne valez-vous pas beaucoup plus qu'eux?

27 Qui de vous, par ses inquiétudes, peut ajouter une coudée à la durée de sa vie?

28 Et pourquoi vous inquiéter au sujet du vêtement? Considérez comment croissent les lis des champs: ils ne travaillent ni ne filent;

Je conseillerai aux enfants de Dieu d'être baptisé par le Saint Esprit et de à ils auront à s'exprimer en langues comme une puissante influence de prière. Il est facile de prier en langues du matin au soir tandis que par l'intelligence on devient à court des mots.

1 Cor 14 ; 2,4-5

2 En effet, celui qui parle en langue ne parle pas aux hommes, mais à Dieu, car personne ne le comprend, et c'est en esprit qu'il dit des mystères.

3 Celui qui prophétise, au contraire, parle aux hommes, les édifie, les exhorte, les console.

4 Celui qui parle en langue s'édifie lui-même; celui qui prophétise édifie l'Église.

5 Je désire que vous parliez tous en langues, mais encore plus que vous prophétisiez. Celui qui prophétise est plus grand que celui qui parle en langues, à moins que ce dernier n'interprète, pour que l'Église en reçoive de l'édification.

1Cor 14 ; 14-15

14 Car si je prie en langue, mon esprit est en prière, mais mon intelligence demeure stérile.

15 Que faire donc? Je prierai par l'esprit, mais je prierai aussi avec l'intelligence; je chanterai par l'esprit, mais je chanterai aussi avec l'intelligence.

16 Autrement, si tu rends grâces par l'esprit, comment celui qui est dans les rangs de l'homme du peuple répondra-t-il Amen! à ton action de grâces, puisqu'il ne sait pas ce que tu dis?

Marc 16 ; 17

17 Voici les miracles qui accompagneront ceux qui auront cru: en mon nom, ils chasseront les démons; ils parleront de nouvelles langues;

Avec toute confiance en Dieu, j'élèverai mes mains dans toutes les places, pour le louer sans honte ni peur car Il est ma joie de vivre. Il est incomparable et intègre dans toutes choses. Mon rocher et mon abri de tout le temps. Son réconfort m'arrive à tout moment dans mon cœur et dans tout mon être. Je le loue infiniment. Au moment difficile Il me donne la facilité. Voici Seigneur Dieu ton serviteur, assoiffé infiniment de faire ta volonté et de rester dans ton parvis tous le reste de ma vie. Mes remerciements au pardon de toutes mes offenses et manquements. Vraiment merci Seigneur, toi qui es le sujet de mon adoration et de toutes mes réussites. Partir, je partirai mais j'arriverai dans la nouvelle Jérusalem où je resterai avec toi éternellement. Voilà ma joie et l'espoir de la bénédiction céleste. Je lève encore mes mains pour te louer avec tout mon coeur.

Gloire à toi Dieu qui m'a donné la lumière de la vie.

J : AVOIR L'AMOUR DE DIEU

Notre Seigneur Jésus-Christ a beaucoup insisté sur ses enseignements concernant l'amour. Il l'a recommandé comme une loi spirituelle. Effectivement, l'essence du christianisme est l'amour, et personne ne peut prétendre être un bon disciple de Jésus sans le vrai amour. Ici, l'homme est aimé malgré son statut, sa race, sa religion, sa couleur et sa langue. Tout le monde a droit de vivre et d'être supporté.

Dieu nous a aimés sans condition et Il nous a ordonné de nous aimer comme Il nous a aimés.

Aucune excuse n'est acceptée de haïr une personne. Le pardon est mis en exergue pour tout manquement. La bible nous recommande d'aimer nos ennemis et prier pour ceux qui nous persécutent.

Matthieu 5 ; 42- 48

42 Donne à celui qui te demande, et ne te détourne pas de celui qui veut emprunter de toi.

43 Vous avez appris qu'il a été dit: Tu aimeras ton prochain, et tu haïras ton ennemi.

44 Mais moi, je vous dis: Aimez vos ennemis, bénissez ceux qui vous maudissent, faites du bien à ceux qui vous haïssent, et priez pour ceux qui vous maltraitent et qui vous persécutent,

45 afin que vous soyez fils de votre Père qui est dans les cieux; car il fait lever son soleil sur les méchants et sur les bons, et il fait pleuvoir sur les justes et sur les injustes.

46 Si vous aimez ceux qui vous aiment, quelle récompense méritez-vous? Les publicains aussi n'agissent-ils pas de même?

47 Et si vous saluez seulement vos frères, que faites-vous d'extraordinaire? Les païens aussi n'agissent-ils pas de même?

48 Soyez donc parfaits, comme votre Père céleste est parfait.

Matthieu 22 ; 36- 40

36 Maître, quel est le plus grand commandement de la loi?

37 Jésus lui répondit: Tu aimeras le Seigneur, ton Dieu, de tout ton coeur, de toute ton âme, et de toute ta pensée.

38 C'est le premier et le plus grand commandement.

39 Et voici le second, qui lui est semblable: Tu aimeras ton prochain comme toi-même.

40 De ces deux commandements dépendent toute la loi et les prophètes.

L'amour de Dieu dépasse la compréhension humaine et va au delà de sa définition. Elle est intense, non discriminable et passionnant.

Comment je puis me permettre de critiquer et de juger les autres, moi qui vis à cause de la grâce de Dieu.

Il fut un moment où ma relation personnelle avec Jésus était abimée malgré que je prêchais et conduisais la communauté chrétienne. Je suis arrivé à un niveau où l'esprit de rejection allait me tuer spirituellement et physiquement mais par la grâce de Dieu, j'ai revu sa lumière qui m'illumina, alors je me suis repenti de toutes les aberrations et l'amour de Dieu me releva.

Les pleurs furent les solutions qui me hantaient, étant seul dans un milieu où personne ne pourrait m'aider.

Dans mes afflictions, me collègues et d'aucuns dans mon propre ministère, présentaient une position hypocrite à mon égard mais Dieu qui me voyait solitaire et confondu par son amour m'a relevé.

Comment je puis me taper la poitrine, moi qui vivais dans l'illégalité et dans une vie obscure dans une saison de ma vie. Sans la grâce de Dieu je serai perdu, pleurant pour mon ego et non pour mon âme.

<u>Frères et sœurs, je tiens à vous dire que Dieu ne condamnera jamais celui ou celle qui s'est mariée selon la parole de Dieu et légalement, mais il condamnera tout celui qui vit dans l'infidélité.</u>

Pour ceux qui sont loin et ceux qui sont prêts, je demande du fond de mon cœur un pardon sincère pour toutes les offenses que je vous ai commises. Je regrette de ne pas être capable de satisfaire ceci ou cela pour que nous soyons en bon terme. Que Dieu me pardonne et vous aussi, dans le nom précieux de Jésus-Christ.

L'amour de Dieu est respectueux
Il présente toujours la grâce
Il ne se plait pas à ridiculiser les autres
IL est compassionnant et porteur du pardon
Il est porteur du sacrifice
Il ne condamne pas
Il ne juge pas
Il ne se plait pas à accuser
Il ne se plait pas à médire
Il ne se plait pas à calomnier
Il présente partout la vie de Christ
Il ne se vante pas
Il ne cherche pas seulement son intérêt.
Il considère les autres
L'amour de Dieu est un médicament aux affligés
L'amour de Dieu ne se venge pas
L'amour de Dieu supporte les autres
L'amour de Dieu écoute les autres patiemment
L'amour de Dieu approche et visite les autres
L'amour de Dieu console
L'amour de Dieu guérit toutes les plaies reçues.
L'amour de Dieu parle avec sincérité
L'amour de Dieu ne divise pas
L'amour de Dieu ne se plait pas aux critiques
L'amour de Dieu ne regarde pas le statut, la race, et la couleur
L'amour de Dieu est accompagné de la politesse
Il est accompagné de la gentillesse
Il guérit l'âme sans vivacité
L'amour de Dieu n'apporte que les biens
Il refuse toute saleté
Il donne de bons conseils
Il cherche toujours à apporter le salut
Il ne se fatigue pas
Il ne néglige personne

Il est patient
Il est honnête
Il déteste le mensonge
Il donne ce qui est important
Il porte une grande pitié.
Il a toujours une bonne réponse
Il souffre pour les autres
Il songe aux biens des autres
Il répond avec douceur
L'amour de Dieu entend avec une grande attention
IL n'est pas fanatique
Il n'est pas une démagogie
Il n'est pas une flatterie
Il soigne le cœur
Il donne un réel repos et consolation
Il crée l'espoir
Il crée l'envie de vivre
Il rejette les antivaleurs
Il demeure dans la sainteté
Il n'humilie pas
Il est plus fort que la mort
L'amour de Dieu n'est pas envieux
Il est plein de bonté
Il ne se vante point
Il ne s'enfle pas d'orgueil
Il ne fait rien de malhonnête
Il ne se réjoui point de l'injustice
Il ne périt point
Dieu est amour.

K : CONCLUSION

2 Timothée 4. 1- 8, 16- 18

4 Je t'en conjure devant Dieu et devant Jésus Christ, qui doit juger les vivants et les morts, et au nom de son apparition et de son royaume,

2 prêche la parole, insiste en toute occasion, favorable ou non, reprends, censure, exhorte, avec toute douceur et en instruisant.

3 Car il viendra un temps où les hommes ne supporteront pas la saine doctrine; mais, ayant la démangeaison d'entendre des choses agréables, ils se donneront une foule de docteurs selon leurs propres désires,

4 détourneront l'oreille de la vérité, et se tourneront vers les fables.

5 Mais toi, sois sobre en toutes choses, supporte les souffrances, fais l'oeuvre d'un évangéliste, remplis bien ton ministère.

6 Car pour moi, je sers déjà de libation, et le moment de mon départ approche.

7 J'ai combattu le bon combat, j'ai achevé la course, j'ai gardé la foi.

8 Désormais la couronne de justice m'est réservée; le Seigneur, le juste juge, me le donnera dans ce jour-là, et non seulement à moi, mais encore à tous

17 C'est le Seigneur qui m'a assisté et qui m'a fortifié, afin que la prédication fût accomplie par moi et que tous les païens l'entendissent. Et j'ai été délivré de la gueule du lion.

18 Le Seigneur me délivrera de toute oeuvre mauvaise, et il me sauvera pour me faire entrer dans son royaume céleste. A lui soit la gloire aux siècles des siècles! Amen!

Finalement, avec un grand courage je déclare que j'ai donné tout ce que je pouvais pour vous affermir et vous léguer un héritage que personne ne peut vous ravir.

Je suis un humain comme vous, connaissant le haut et le bas mais mon espoir est basé avec acuité dans les promesses que Dieu m'a laissé. « Je ne vous délaisserai point ni vous abandonner. » Héb. 13 ; 6

Toute promesse divine est vraie et se réalisera pour nous tous un jour. Tavaillons comme ceux qui rendront compte à Dieu un jour pendant sa présence.

Toute personne pour vivre dans le surnaturel doit accepter de diminuer et naître de nouveau. Imaginez-vous, tout un docteur de la loi avec un grand nom, celui qui expliquait la bible avec excellence n'a pas pu connaître la plus petite chose du surnaturel. Tous les noms et titres terrifiants que les hommes se donnent ne servent à rien mais la nouvelle naissance ; Ce qui est né de la chair est chair, et ce qui est né de l'esprit est esprit. Nicodème n'en revenait plus, malgré son titre, bien que ce fût une petite chose dans le surnaturel. Jean 3 ;1-10

Votre frère

RAHA MUGISHO

Godfaithful777@yahoo.com

L'ECOLE DE MINISTERE DU SEI A KAMPALA UGANDA EN 2016

Dans cette explosion spirituelle, nous devons d'abord être réveillé spirituellement avant d'aller le faire aux autres.

Dieu a toujours souhaité de voir les hommes recevoir le salut en Jésus-Christ et être transformés par le renouvellement de l'intelligence. Il se plait de voir la délivrance des opprimés, et les cœurs plein d'adoration. Les églises et les personnes tièdes n'impressionneront jamais l'Eternel même si elles représentent une grande multitude.

Pour être agréable il faut avoir la foi.
Pour avoir l'onction il faut être un homme de prière et avaler constamment la parole de Dieu.
Pour être respecté dans le parvis de Dieu, il faut vivre dans la sainteté.
Pour avoir les portes du ciel ouvertes, il faut avoir une excellente relation personnelle avec Dieu.

Par la grâce qui me fut donnée, je vous présente ce précieux ouvrage.

Printed by Books on Demand GmbH, Norderstedt / Germany